Heiler und Prophet

Das Leben des Hans-Peter Paulussen

und seine Vorhersagen mit Nostradamus

von

Franz-Joseph Huainigg

Verlag „Die Silberschnur"

ISBN 3-923 781-68-7

Alle Rechte dieser Ausgabe – auch die des auszugsweisen Nachdrucks, der fotomechanischen Wiedergabe und der Übersetzung – vorbehalten.

1. Auflage 1992

Druck: Strüder-Druck, Neuwied

Covergestaltung: Didier Guedron, Langenlonsheim

Verlag „Die Silberschnur" GmbH
D-5450 Neuwied, Heddesdorfer Straße 7

Inhaltsverzeichnis

Vorbemerkung des Verlages

In diesem Band über den ‚Seher' Hans-Peter Paulussen wird der Leser/die Leserin sowohl mit sehr ‚harten' als auch freudigen Prophezeiungen über die nächsten 10 Jahre konfrontiert, wie sie der große Prophet Nostradamus durch sein Medium offenbart.

Das Manuskript zu diesem Buch hatte der Kompilator und Verfasser dieses Buches, Franz-Josef Huainigg, schon 1990 abgeschlossen. Im Frühjahr 1991 während des Golfkrieges wurde es uns zugeschickt, also zu einer Zeit, als von dem bevorstehenden Zerfall der UDSSR und Jugoslawiens noch keine Rede sein konnte. Ebenso wie viele andere Voraussagen von Paulussen/Nostradamus haben sich diese bereits bestätigt.

Als Verlag dienen wir der positiven Gedankenausbreitung und setzen uns für die Vermittlung spiritueller Werte ein. Durch Paulussen/Nostradamus werden uns Menschen noch bis zur Jahrtausendwende große Katastrophen wie auch Kriege vorausgesagt. Bisher haben sich diese aus dem Jenseits verkündeten Vorhersagen alle bewahrheitet.

Doch wurde auch darauf hingewiesen, daß eine Umkehr in unser aller Denken solch bevorstehendes Unheil noch mildern oder verhüten könne.

Möge die Leserin/der Leser an solch einer Verhütung der bevorstehenden Katastrophen mitwirken — sei es im Gebet oder in aktiver Aufklärung.

Der Verlag „Die Silberschnur"

Kapitel 1

Es ist Mittag geworden. Nach einer Stärkung sitzen wir wieder im Wohnzimmer.

Erschrecken Sie sich hin und wieder über Vorgänge, etwa wenn eine gequälte Stimme aus Ihnen spricht? frage ich Paulussen. Seine Frau meint, daß ihr Mann dabei ganz ruhig ist.

»Nein. Überhaupt nicht. Ich erschrecke nicht mehr. Heute morgen habe ich mich auch nicht erschrocken, als ein Geistschatten vom Wohnzimmer durch den Flur huschte.«

Schlief ich zu diesem Zeitpunkt noch?

»Sie haben noch geschlafen, das war so gegen neun Uhr.«

Wer war dieser Schatten?

»Ich habe die Frage noch nicht nach oben gestellt, nehme aber an, daß es Ina Grüder war, die jetzt um 14.30 Uhr beigesetzt werden wird.«

Und Sie werden mit ihr Kontakt aufnehmen?

»Ja.«

Kann ich dabei sein?

»Das können Sie miterleben.«

Ich sehe auf meine Uhr, es ist 13 Uhr. Bleibt noch Zeit zu fragen: *Waren Sie schon einmal im Jenseits?*

»Ja. Meine erste Außerleiblichkeit, meinen ersten Besuch im Jenseits hatte ich 1980. Es war an einem Samstagnachmittag. Wir hatten im Wohnzimmer eine Rundcouch — auf der einen Seite lag meine Frau und auf der anderen Seite lag ich. Meine Frau hatte unseren Dackel im Arm. Und dann geschah folgendes: Ich trat aus meinem Körper heraus, sah mich auf einmal selbst dort liegen. Auch nahm ich meine Frau dort liegend wahr, sah, wie sie den Hund im Arm hielt. Ich schwebte langsam zum geschlossenen Fenster und durch die Fensterscheibe hindurch, und schon befand ich mich über dem Haus. Das Haus wurde jedoch immer kleiner. Es ging auf einmal furchtbar schnell, ich wurde durch einen schwarzen Tunnel geführt, einen unendlich langen schwarzen Tunnel. Meine Großmutter zeigte mir den Weg. Sie war neben mir und hielt mich an der Hand.

„Du brauchst keine Angst zu haben. Es geschieht dir nichts", beruhigte sie mich, „du kommst auch wieder zurück. Wir wollen dir etwas zeigen."

Am Ende des Tunnels, oder war es der Anfang, nahm ich ein schönes, angenehmes Licht wahr. Geborgenheit, Sicherheit und Ruhe strömte es aus. Als ich dem Licht näher kam, umfing mich eine angenehme Harmonie. Ich trat, geführt von meiner Großmutter, durch dieses Licht hindurch. Vor mir erstreckte sich ein endlos großer Park. Es waren Tiere, Pflanzen, Blumen, Sträucher, Bäume, Wege und Menschen dort, die ich jedoch nicht sprechen hören konnte. Sie sahen sich nur an und gingen dann ihres Weges. Es war eine leichte, beschwingte, harmonische Musik zu hören. Ich fragte meine Großmutter: „Oma, wo bin ich hier?"

„Das ist unsere Welt, die Welt, die als Jenseits bezeichnet wird. Hier herrscht Ausgeglichenheit. Hier gibt es keinen Lärm, keinen Streit, keinen Haß und keine Disharmonie. Wir sind eine große Gemeinschaft."

Dann kamen mein Vater, meine Tante, meine Onkel, die schon oben waren, meine andere Großmutter, mein Opa. Alle begrüßten sie mich. Auch meine Schwiegermutter erschien, und mein Schwiegervater klopfte mir auf die Schulter. Die Begrüßung war einfach toll.

Dann wurde ich von meiner Großmutter Gertrud weitergeführt. Hinter uns folgten mein Vater und die Verwandten. Und dann kam mir mein Freund Gerd entgegen. Man sah an ihm keine Folgen des Unfalls. Er strahlte. Auch ich war sehr glücklich, ihn wiederzusehen. Dann erschien ein angenehmes Wesen. Ich bezeichne es jetzt einmal als Wesen. Heute weiß ich, daß es ein Lichtwesen war, ein Wesen, das sehr ruhig und sachlich sprach. Ich wurde einer Gruppe von Personen zugeführt, die mir vollkommen fremd waren.

Dieses Lichtwesen sagte zu mir: „Wir haben dich dazu bestimmt, unser Mittler, unsere Kontaktperson zu sein. Ihr bezeichnet es als Medium. Wir werden noch weiter an dir arbeiten, du bist noch nicht vollkommen. Du wirst weitere Informationen erhalten, die du an Personen weitergeben wirst." Ich wollte etwas fragen, aber es ging einfach nicht. Ich war zu fasziniert und beeindruckt. Und dann war dieses Lichtwesen, so wie es gekommen war, auch wieder verschwunden.

Die Verwandten, Bekannten und Freunde verabschiedeten sich von mir, schlugen mir dabei wieder auf die Schulter. „Ich will nicht zurück", bat ich, „bitte, laßt mich hier. Ich möchte bei euch bleiben."

8

„Nein. Du hast gehört, was dir gesagt wurde. Du hast jetzt die Bestätigung, daß du eine Person bist, die für uns Mitteilungen weitergibt. Wenn es die Zeit erlaubt, werden wir dich wieder holen, aber du wirst immer wieder in die andere Welt zurückgeführt werden. Deine Zeit ist noch nicht gekommen. Du hast noch sehr viel zu erfüllen."

Ich war, ehrlich gesagt, sehr enttäuscht, denn ich wollte nicht zurück. Die Rückkehr ging sehr schnell vonstatten. Ich sah wieder unser Haus, sah meinen Körper auf der Couch liegen. So, wie ich meinen Körper verlassen hatte, lag er noch dort. Nur meine Frau hatte ihre Schlafstellung verändert, und unser Dackel lag nicht mehr im Arm meiner Frau, sondern zu ihren Füßen.

Ich trat dann wieder in meinen Körper ein. Zwar habe ich versucht, es zu verhindern, aber ich wurde einfach in meinen Körper hineingeschoben. Ich kam zu mir. Es war ein bleiernes Erwachen. Alles war so schwer um mich herum. Und ich fragte mich: „Mein Gott, was hast du da geträumt?"

Darauf meldete sich sofort Oma Gertrud: „Du hast nicht geträumt. Wir haben dir unsere Welt gezeigt, und in diese Welt werden wir dich, wenn es für uns wichtig ist, hinaufholen, werden dir Sachen zeigen, die von Bedeutung sind."

Ich habe gesagt: „Gut, wenn es der Wunsch und der Wille unserer aller Mutter ist, dann soll es so sein, dann respektiere und achte ich es. Ich bin damit einverstanden." Und dieses Wort ,einverstanden' sollte für mich in der Zukunft Folgen haben. Meine Oma verließ mich, und ich erzählte meiner Frau von dem, was ich erlebt hatte.

„Du, das ist für mich nichts Neues", sagte meine Frau, „ich habe etwas Ähnliches auch schon erlebt."«

Welche Erfahrungen haben Sie mit der Außerleiblichkeit schon gemacht? frage ich Frau Paulussen.

»Ja, ich habe einmal so etwas erlebt. Es war kein Traum. Das war so wirklich, mein Bruder konnte mir alles bestätigen, und der glaubt an solche Sachen nicht. Wenn das nicht gestimmt hätte, hätte er mir mit Genuß vorgehalten, daß ich etwas geträumt habe.

Das Ganze hat sich zugetragen, als meine Mutter starb. Ich hatte einen Wahrtraum, zumindest würde ich das so nennen.«

»Ein Wahrtraum ist gleichzeitig ein Begegnungstraum. Man ist dann tatsächlich an Ort und Stelle. Das ist einer Außerleiblichkeit gleichzusetzen«, fügte Paulussen ein, bevor seine Frau weiterspricht.

»Ich nehme an, daß ich das hatte.«

War zwischen Traum und Wirklichkeit eine Zeitverschiebung?

»Ja, es gab eine Zeitverschiebung. Meine Mutter ist Samstag früh, fünf vor acht, gestorben. Sonntag sind wir nach Münster gefahren. Am Montag wollten wir alles für die Beerdigung erledigen. Von Sonntag auf Montag habe ich, wie üblich, im Schlafzimmer meiner Mutter in ihrem Bett übernachtet. Aber sie ist nicht dort, sondern im Krankenhaus außerhalb von Münster gestorben.

In dieser Nacht von Sonntag auf Montag habe ich ihren Tod in allen Einzelheiten geträumt. Mein Bruder hat mir später alles bestätigt. Das war schon merkwürdig.

Wie gesagt, das sind Träume, die ich auch bei anderen Geschehnissen hatte. Jedoch hatte das nichts mit Toten zu tun. Einmal sah ich mich mir selbst gegenübersitzen. Ich wußte nicht, warum das geschah. Ich weiß nur, daß es so etwas gibt und wir wahrscheinlich alle irgendwann einmal so etwas erleben. Wir wissen es oft nur nicht. Vielleicht holen wir uns sogar, wenn wir schlafen, irgendwelche Antworten auf Fragen, kommen wieder zurück in den Körper, und ein paar Tage später fällt uns die Lösung des Problems ein, wir wissen dann, was wir tun sollen. Eine Theorie von mir.«

Was haben Sie für ein Weltbild? Glauben Sie, daß es das Jenseits gibt?

»Ja, ich glaube, daß wir unsterblich sind, und zwar alle, auch jede Pflanze, jedes Tier. Gelernt habe ich das zwar nicht, aber durch Nachdenken bin ich zu dem Schluß gekommen, daß vieles, was ich gelernt habe, nicht richtig ist.«

Ist das die Summe Ihrer Erfahrungen?

»Ja.«

Gibt es auch böse Geister? frage ich Paulussen.

»Ja.«

Haben die sich bei Ihnen schon gemeldet?

»Bis jetzt, Gott sei Dank, noch nicht. Ich lege auch keinen Wert darauf. Meine guten jenseitigen Freunde würden mich davor schützen. Es gibt schon Stimmen, die sagen: „Tu's. Komm, mach es.

Tu's. Mach es. Mach es." Die gibt es, aber ich bin damit noch nicht konfrontiert worden«, meint Paulussen und verwechselt böse Geister mit ‚bösen‘, triebhaften Gedanken.

Wer sind die bösen Geister? Sind das auch verstorbene Menschen, Herr Paulussen?

»Das sind Verstorbene, die nicht zur Ruhe kommen und sich zwischen dem Diesseits und dem Jenseits aufhalten.«

In diesem Tunnel?

»Ja. Klinisch Tote haben auch erzählt, daß sie durch einen schwarzen Tunnel gegangen sind und dabei angefaßt wurden. Das sind die Geistwesen, die nicht zur Ruhe kommen. Deswegen ist immer eine Begleitperson dabei, wenn man in die andere Welt hinübergeht.

Sie gehen durch diesen schwarzen Tunnel, immer auf die Sonne zu. Sie müssen sich das so vorstellen: Sie sind im Tal, und die Bergspitze ist die Sonne, die Energie. Sie wohnen ganz unten im Tal. Also müssen sie auf einen langen, schweren Weg den Berg erklimmen, um dorthin zu kommen.«

Sie haben einmal gesagt, daß Selbstmörder in diesem Tunnel sind und auch jene, die ermordet wurden?

»Nicht unbedingt. Es gibt Menschen, die ermordet wurden, die nur vorübergehend in dieser Ebene sind, sehr schnell erlöst werden und in die Lichtebene einkehren.«

Welche Schuld haben Ermordete auf sich geladen?

»Selbst zu dem Mord beigetragen zu haben. Den Menschen, der das Verbrechen verübt hat, derartig provoziert zu haben, daß er dieses Verbrechen ausübte. Ich habe nicht das Recht, auf dieser Erde Menschen bewußt zu meinem eigenen Vorteil zu schädigen.«

Wenn jemand geboren wird, dann bekommt er doch eine gewisse Aufgabe. Ist das richtig?

»Diese Aufgabe wird ihm gestellt. Selbstverständlich, ja. Die wird ihm auferlegt, und man räumt ihm alle Mittel und Wege ein, es zu schaffen. Aber die Menschen, die versagen, das sind zum größten Teil die, die mit dem Gegebenen nicht zufrieden sind, die noch mehr wollen. Bei denen tritt über kurz oder lang immer das Versagen ein.«

Was haben Sie dabei gefühlt, als Sie aus Ihrem Körper heraustraten?

»Gar nichts. Es war einfach sagenhaft, man kann das gar nicht beschreiben. Jetzt hast du es geschafft. Jetzt kommst du rauf. Weit gefehlt! Die haben mich wieder zurückgeschickt. Aber sie wollten mir nur zeigen, wie es oben ist. Ich habe mir immer gewünscht, einmal oben zu sein.«

Wie fühlt man sich als Geistwesen?

»Wie man sich fühlt? Die Begrüßung von den Lieben, die man gekannt hat, ist berauschend. Man wird so herzlich empfangen, wird umarmt. Das Glücksgefühl dabei kann man mit Worten nicht beschreiben.«

Sie haben oben eine leichte, beschwingte Musik gehört?

»Auch diese Musik kann man nicht erklären, sie ist einfach traumhaft.«

Wie macht sich die Musik bemerkbar?

»Man hört sie im Hintergrund. Ich sah keinen Menschen, keinen Jenseitigen, der unglücklich war, im Gegenteil. Es war ein Lächeln, es war ein glückliches zufriedenes Lächeln. Dazu gehörte auch diese Musik.«

Befanden Sie sich nur an einem Ort, oder wurden Sie herumgeführt?

»Es gibt keinen Ort, nur eine große Ebene. Alles ist riesengroß, scheinbar unbegrenzt. Sie müssen sich das wie den Atlantik vorstellen, alles eine riesengroße Fläche, mit Bäumen, Sträuchern, Grün, Blumen, Tieren . . .«

Aber doch ein Raum?

»Die haben weder Raum noch Zeit. Wir leben auch in einem Raum.«

Also gibt es dort oben doch einen Raum?

»Ja, wenn man es so nehmen will, ich kann es nicht anders bezeichnen. Es gibt Parallelen zu uns hier. Es gibt Straßen, Wege . . .«

Kann es vielleicht so sein, daß es oben doch ganz anders aussieht, vielleicht hat man Ihnen alles so zeigen müssen, damit Sie es sich vorstellen können?

»Man kann sich die Dimension nicht vorstellen. Dafür fehlt uns die nötige Intelligenz.«

Zum Beispiel: Wozu sind die Straßen da? Autos oder Ähnliches gibt es nicht.

»Es ist eine Parallelwelt zu unserer. Das können Sie auch in einem Film sehen. Es gibt dort oben Schiffe, Wasser, einen Hafen, Landschaften, Parks. Ich zeige Ihnen den Videofilm.«

Paulussen spielt einen Videofilm vor, der in Luxemburg aufgezeichnet worden ist. Bei einer Familie Fischbach sollen auf einem kaputten Fernseher angeblich Bilder aus dem Jenseits erscheinen.

Im Februar 1989, so steht unter der ersten Aufnahme, sei eine Sequenz mit einem Mädchen aufgezeichnet worden. Es ist halb durchsichtig und bewegt sich von rechts nach links. Im Hintergrund ist eine Landschaft zu sehen, wie sie bei uns auf der Erde jederzeit hätte aufgenommen werden können. Immer wieder tauchen für unsere Begriffe sehr realistische, weltliche Landschaften und Parks auf, die oft mit ihren Farbtönen an verträumte Gemälde erinnern. Die Sequenzen dauern maximal 30 Sekunden. Eine Männerstimme, die sich Constantin Raudive nennt, kommentiert die Bilder. Ein altmodisches Schiff ist zu sehen, das von links nach rechts fährt, dann eine Frau, die langsam aus dem Meer steigt. Es folgen Bilder von Tieren – Katzen, die aus einer Schüssel essen. Tauben bei einem Brunnen und ein Pferd ist zu sehen.

Ich bin ein wenig enttäuscht. Mein Mythos von einer jenseitigen Welt ist zusammengebrochen.

Svenjen Salter, eine verstorbene Frau, zeigt sich. Sie wirkt sympathisch, lächelt, hebt leicht den Kopf, dann folgten die nächsten Bilder. Ich wende mich wieder Paulussen zu.

Um noch einmal auf meine Frage zurückzukommen: Kann es nicht sein, daß die Jenseitigen Ihnen ihre Welt so präsentieren, um das zu zeigen, was wir unter Harmonie verstehen? Es ist also möglich, daß es – obwohl Sie die Dinge gesehen haben, ganz anders aussieht?

»Nein. Es ist eine Parallelwelt, einfach eine Parallelwelt.«

Die aber hier gleichzeitig neben unserer existiert. Oder befindet sie sich wirklich oben?

»Um uns herum ist alles Energie. Diese Energie kann man eben sichtbar machen durch diese transvisuellen Bilder. Das sind die Möglichkeiten. Es wurde Klaus Schreiber von einem Verstorbenen, der sich immer in Luxemburg meldet, gesagt: „Wir melden uns über Fernsehen, schalte das Videogerät ein.“

Die Luxemburger Gruppe empfängt Bilder von oben. Bis die ersten Bilder kamen, hat es schon eine Zeit gedauert. Für mich war das unbegreiflich, als ich davon gehört habe.«

Es gab da auch Lichtwesen, die Sie gesehen haben?

»Lichtwesen sind Geistwesen, die von einem sehr hellen Licht umgeben sind. So ein Licht gibt es hier nicht, man kann es mit unseren Lichtquellen nicht vergleichen. Sehr hell, aber trotzdem angenehm.«

Haben Lichtwesen auch gelebt?

»Lichtwesen müssen nicht unbedigt auf unserer Erde gelebt haben. Die Kirche würde sagen, das sind Engel, also höhere Intelligenzen, die vermitteln, Informationen weitertragen.«

Gibt es Gott?

»Ich habe die Frage Oma Gertrud gestellt: „Gibt es den lieben Gott?"

Da wurde gesagt: „O ja. Es gibt über uns eine höhere Intelligenz, ein höheres Geistwesen, von dem wir unsere Aufträge und Order erhalten."

„Habt ihr ihn schon gesehen?"

„Nein, aber wir wissen, daß er über uns ist, daß er da ist. Wir wissen, daß es dieses Intelligenzwesen gibt."

Das sagen alle Verstorbenen, wenn man danach fragt. Aber jedes zweite Wort, das sie sagen, lautet: „Wir sind hier glücklich." Und daß sie glücklich sind, das haben sie auch oft genug bewiesen, davon bin ich hundertprozentig überzeugt.«

Und Sie waren dann nicht so glücklich, als Sie wieder zurückgekommen sind?

»Nein. Ich wollte dort bleiben. Ich wollte nicht in meinen Körper zurück.«

Wie war das Gefühl, als Sie in Ihren Körper hineingeschoben wurden?

»Ein unglückliches Gefühl, wieder mit der täglichen Realität konfrontiert zu werden, in den zerschundenen Körper wieder rein zu müssen.«

Wie leben die Jenseitigen?

»In Harmonie, ohne Zank, ohne Streit, ohne Zwietracht, ohne Neid. Sehr glücklich. Sie sind auch sehr lustig. Ich glaube, wenn Sie Videofilme sehen, dann verstehen Sie mehr.

Curd Jürgens meldete sich einmal auf Videoband: „Hier spricht des Teufels General. Mein Gott, ist es hier trocken." Er hat zeitlebens gern getrunken. Daran konnte man erkennen, daß es wirklich Curd Jürgens war. Er war in der Uniform des Generals Harras, des Teufels General, eine Rolle, die er zu Lebzeiten mit Begeisterung gespielt hatte. Und er hat sich deshalb einfach diese Uniform im Astralbereich angezogen. Es gibt darüber eine Videoaufzeichnung, in der festgehalten ist, wie er sich auf dem Bild manifestiert hat.«

Wie ist die Beziehung zwischen den Jenseitigen und Gott? Ist es ein Vater-Sohn-Verhältnis, oder herrscht eher Demut?

»Es ist eine sehr liebevolle, aufgeschlossene Beziehung. Eine große, glückliche Familie, zu der auch Gott gehört.«

Gibt es oft Meinungsverschiedenheiten?

»Absolut nicht.«

Wenn jedoch zum Beispiel eine Gruppe meint, ein Mensch soll leben, Gott jedoch sagt ...

»Gibt es nicht. Es gibt keine Meinungsverschiedenheiten.«

Was ist das Ziel der Welt? Ist es richtig, daß es immer gleich viel Jenseitige wie Menschen gibt?

»Es wird immer die gleiche Zahl bleiben. Gleich viele Menschen wie Jenseitige. Es gibt eine Richtzahl, die ich aber nicht im Kopf habe. Die wurde von oben genannt.«

Laut Statistik kommt es zu einer Überbevölkerung.

»Es gibt oben keine Überbevölkerung.«

Ich meinte die Überbevölkerung auf der diesseitigen Erde. Sollte die Zahl gleich bleiben, würde das Jenseits doch langsam geleert werden.

»Die Zahl bleibt gleich. Ich kann Ihnen keine Antwort geben. Ich habe auch, ehrlich gesagt, diese Frage nach oben bis dato noch nicht gestellt. Es ist auch nicht meine Aufgabe, das nachzufragen.«

Was ist das Ziel jedes Lebensdurchlaufes?

»Das ist die jenseitige Welt, und wir befinden uns in der diesseitigen Welt. Es ist praktisch ein Vorbereiten auf die jenseitige Welt.«

Das Leben auf dieser Welt ist also faktisch eine Prüfung, immer wieder?

»Nicht nur Prüfung, auch ein Vorbereiten auf das, was danach kommt. Wir geben hier nur ein Gastspiel.«

Aber später wird man wiedergeboren?

»Man wird wieder inkarniert. Es gibt Menschen, die laut ihrer Aussage bzw. jener der Jenseitigen schon drei-, vier- oder fünfmal inkarniert worden sind.«

Das Ziel ist, eine Ebene höher zu kommen?

»Ja. Das Wissen, das man hier auf Erden erlangt hat, nimmt man mit hinauf. Und es wird oben vervollkommnet und weitergebildet. Und man nimmt dieses Wissen, diese Intelligenz wieder mit zurück, wenn man wiedergeboren wird. Nur weiß man nicht, daß man in der jenseitigen Welt war. Daß man es nicht weiß, ist gut.«

Großmutter Gertrud wird jetzt nicht mehr inkarniert?

»Nein. Sie wird nicht mehr inkarniert. Sie ist in der sechsten Stufe. Also ein reiner Geist.«

Wenn es jetzt immer so weitergeht, dann müßten eines Tages alle in der sechsten Stufe sein?

»Nein, es ist ... Die Welt wird natürlich weiter bestehen. Es kommt nicht jeder in die sechste Stufe, weil viele inkarniert werden wollen. Bis zur vierten Stufe wird oben gefragt: „Möchtest du inkarniert werden?" Die Entscheidung steht jedem frei.«

Aber jemand auf der vierten Stufe möchte doch sicher auch einmal auf die fünfte oder sechste Stufe? Und früher oder später wird er wahrscheinlich auch dorthin kommen.

»Diese Frage kann ich Ihnen ebenfalls nicht beantworten. Kann ich nicht, weil ich diese Frage an die jenseitige Welt noch nicht gestellt habe. Weil das für mich überhaupt nicht interessant ist. Das weiß ich nicht, weil es auch nichts mit dem zu tun hat, was kommen soll und geschehen wird.«

Wird es den jüngsten Tag geben?

»Was ist der jüngste Tag?«

Das frage ich Sie.

»Den jüngsten Tag hat uns die Kirche aufoktroyiert.«

Hat das nicht Jesus mitgeteilt?

»Sicher, der jüngste Tag in der Form, daß es ein Zusammenführen in allem gibt. Sicher aber nicht in der Form, wie es uns die Kirche erzählt. Wissen Sie, Jesus hat sehr viel gesagt, als er unter uns weilte, nur die Kirche hat viele Aussagen total verfälscht – den Menschen einfach unsicher gemacht, vollkommen verunsichert.«

Diese Vorbestimmungen, die für jeden Menschen getroffen werden, wer entscheidet das?

»Das entscheidet oben die Gruppe im Auftrage einer höheren Wesenheit.«

Waren Sie schon einmal in einem Tier?

»Nein.«

Warum? Geht das nicht?

»Ich weiß es nicht. Ich habe den Versuch noch nicht gewagt, und man hat mir dazu auch noch nie die Möglichkeit gegeben. Das kann ich Ihnen nicht beantworten. Aber ich leide z. B. sehr extrem, wenn unser kleiner Hund krank ist. Ich habe dabei immer das Gefühl, daß er ein Teil von mir ist, der da leidet. Wie er etwa letzte Woche in Vollnarkose die Zähne gezogen bekam, litt ich furchtbar.«

Wie ist es mit der Wiedergeburt? Wird man auch als Tier wiedergeboren?

»Weiß ich nicht, kann ich nicht sagen. Solche Fragen kriege ich von oben überhaupt nicht beantwortet. Ich befasse mich auch in dem Sinne nicht mit der Wiedergeburt. Ich habe mir diese Frage schon selbst gestellt, und die Antwort vom Jenseits darauf lautete: „Befasse dich nicht damit. Du hast andere Aufgaben." Und das akzeptiere ich.«

Es ist 14 Uhr. Paulussen legt sich auf die Bank und ist nicht mehr ansprechbar. Etwa eine halbe Stunde dauert dieser Zustand. Ist er in Trance, schläft er? Ich kann es nicht beurteilen. Danach erzählt er mit müder Stimme seiner Frau, was er während dieser Zeit erlebt hat. Er war auf der Beerdigung und dort . . .

». . . hat es einen Wirbel gegeben, sage ich dir.«

»Ja, das glaube ich dir.«

»Mit dem Peter und seiner Verwandtschaft.«

Peter ist der Sohn?, frage ich verwirrt.

»Nein, das ist der Mann der Frau, die verstorben ist.«

»Ja. Ab wann hast du Informationen bekommen? Ich bin hinausgegangen und habe das Geschirr gespült.«

»Drei Minuten nach halb drei fing es an. Auf der Beerdigung war etwas los, ich sage dir. Drei nach halb drei haben sie den Sarg hingestellt. Einen hellen Eichensarg hat sie. Peter hat seiner Frau einen sehr schönen Kranz und einen großen Strauß gebracht. Peter selbst geht morgen noch einmal hin und nimmt Abschied. Es war eine ziemlich böse Beerdigung.«

»Auf der Beerdigung werden sie ihn wohl nicht geschlagen haben.«

»Nein. Die haben Peter nur ziemlich böse beleidigt, nicht geschlagen. Aber sie haben ihn hingestellt, als ob Peter Ina auf dem Gewissen hätte. Ina hat neben Peter gestanden. Dann hat Peter gesagt: "Jetzt laßt den Sarg hinunter."

Das Ganze hat zehn Minuten gedauert. 17 Minuten vor 15 Uhr war alles zu Ende, da ist Peter gegangen. Seine Eltern waren auch anwesend. Die Angehörigen von Ina standen separat. Der Bruder von Ina hat sich sehr unfair verhalten. Er hat gesagt: „Peter hat sie auf dem Gewissen. Peter ist am Tod von Ina schuld." Er hätte sich einen Dreck um Ina gekümmert. Er, ihr Bruder, hätte den Krebs überlebt, daher hätte Ina ihn auch überleben müssen.«

»Aber er kann das noch genauso bekommen.«

»Sie haben Peter ziemlich angegriffen. Ina hat neben Peter gestanden. Peter hat sie auch gespürt, er nahm den Geruch von Ina wahr, also ihren Parfümgeruch. Peter liefen nur ein paar Tränen runter, er hat nicht richtig geweint. Er sagte: „Ich nehme morgen von dir Abschied. Ich komme morgen noch einmal."«

»Also gab es keine Ansprache.«

»Kein Pfarrer, nichts.«

»Na ja, dann ist es verständlich.«

»Es waren nur vier Leute da, die den Sarg hinuntergelassen haben, und Peter ist dann mit seiner Familie gegangen. Vollkommen distanziert.«

Ich versuche, aus diesem Erlebnis heraus allgemeingültige Fragen zu stellen.

Sie verlassen Ihren Körper, sind dann an einem anderen Ort. Erleben Sie noch mit, wo Ihr richtiger Körper ist?

»Wenn ich aus meinem Körper herausgehe, sehe ich, wie er dort sitzt oder liegt. Er sieht dann aus wie ein Häufchen Elend: Total anders geartete Gesichtszüge, nicht so frei und locker, sondern regelrecht verkrampft. Auch die Körperhaltung wirkt manchmal sehr schutzbedürftig, in einer Art Embryostellung liegt er da. Die Stirn ist immer kraus, alles ist zusammengezogen. Und so sehe ich mich auch, wenn ich zurückkomme.«

Wie ist das Gefühl dabei, wenn man schwebt ...?

»Es ist ein sehr angenehmes Gefühl. Es gibt keine Hindernisse, keine Grenzen, keine Entfernungen. Es geschieht alles in Windeseile. Wenn man an einen Ort geführt wird, dauert es keine ‚Zeit'. Es gibt auch eine Aussage von oben: „Wir haben weder Zeit noch Raum." – Sie kennen also keine Zeit, sie kennen keinen Raum. So können sie durch diese Wand in den Flur kommen. Sie brauchen nicht durch die Tür zu gehen. Es gibt einfach keine Hindernisse. Sie können überall durch. Sie sind Energie.«

Was passiert, wenn Sie in Ihren Körper zurückkommen? Wie ist das Gefühl dabei?

»Nicht berauschend, weil ich wieder in einen desolaten Körper zurückkehre. Man ist so eingeengt, als ob man in einem Schraubstock eingeklemmt wäre – so ein Gefühl ist das. Ich wehre mich immer dagegen.«

Kapitel 2

Es wird Nachmittag und Paulussen erzählt aus seinem Leben. Wohl kaum jemand dürfte so viele plakativ herausragende Erlebnisse gehabt haben wie er.

Für einen bestimmten Abend kündigte seine Großmutter an, einen Besuch mitzubringen.

»Noch am gleichen Tag, nachmittags gegen 15 Uhr, nahm ich den Staubsauger und begann, damit das Wohnzimmer und das Eßzimmer zu reinigen. Als ich das Eßzimmer betrat, ging der Staubsauger aus. Zuerst kontrollierte ich, ob der Stecker eventuell herausgezogen war. Nichts. Der Stecker befand sich noch in der Steckdose. Dann kontrollierte ich den Ein-Aus-Schalter, doch der war in Ordnung. Zuletzt schaltete ich das Licht ein, Strom war da. Daraufhin nahm ich den Staubsauger und versuchte es bei einer anderen Steckdose im Wohnzimmer. Nichts lief. So setzte ich mich erst einmal hin und sagte: „Was soll das denn schon wieder!"

„Johänken", hörte ich jemanden rufen, „hallo Johänken, gehe in Anjas Zimmer."

Ich folgte der Aufforderung. Plötzlich war meine Oma Gertrund, wie sie leibt und lebt, da. Sie setzte sich an das Kopfende des Bettes und sagte: „Johänken, ich möchte dir folgendes mitteilen: Begebe dich zu Anjas Schule und gehe dort zum Direktor. Sprich mit ihm. Er führt etwas Böses im Schilde. Er hat einen Brief an den Kultusminister geschrieben, damit Anja von der Schule verwiesen wird. Dieser Brief befindet sich in der zweiten Schublade des Schreibtisches auf der rechten Seite in einer grünen Dokumentenmappe. Geh bitte hin und sprich mit ihm darüber. Besuche diesen Schulleiter morgen, das ist wichtig."

Nach diesem Tip löste sich meine Großmutter wieder wie Rauch auf.

Um sechs Uhr holte ich meine Frau vom Geschäft ab und erzählte ihr gleich als erstes von dieser Nachricht. Meine Frau sah mich groß an und sagte: „Na ja, gut. Dann gehe auch bitte morgen zur Schule, und wir lassen uns überraschen, was passiert."

Unserer Tochter haben wir von dieser Sache nichts erzählt.

Wir saßen dann wie üblich gemeinsam im Wohnzimmer. Auf dem Tisch brannte eine Kerze, der Fernseher war eingeschaltet. Wir sahen fern. Es war gegen 22.15 Uhr, als sich Oma und Vater wieder meldeten.

„Johänken, wir haben euch den versprochenen Besuch mitgebracht. Wir werden dich jetzt in eine Trance versetzen, und du wirst das, was du jetzt erleben und hören wirst, weitergeben. Sage bitte Hildegard, sie soll keine Angst haben. Es wird ihr nichts geschehen."

Ich fiel sofort in eine Trance und muß ganz ehrlich sagen, der Besuch, den meine Oma Gertrud und mein Vater mitbrachten, hat mich sehr überrascht. Es war meine Schwiegermutter.«

»Ja«, hakt Frau Paulussen ein,»meine Mutter wollte mir den Beweis geben, daß es sie gibt. Wir saßen nebeneinander im Wohnzimmer, mein Mann hat mir immer erzählt, wenn die Jenseitigen da seien, dann werde es ihm entweder sehr heiß oder kalt.

Und nun sagte er, − also anscheinend meine Mutter −, daß ich seine Hand nehmen sollte. Logischerweise habe ich erwartet, daß seine Hitze auf mich übergeht. Also war ich darauf fixiert, daß es mir heiß wird. Aber in dieser Hinsicht passierte nichts. Er hielt meine Hand, und ich wartete, es geschah jedoch nichts. Für mich gab es von Beweisen keine Spur.

Später, als alles vorbei war, habe ich darüber nachgedacht. Und dann dämmerte es mir. Im Bett forderte ich ihn auf: „Gib mir nochmal deine Hand, genauso wie du sie mir vorher gegeben hast."

Er faßte zu, und ich schrie auf. Es ist also so gewesen, daß ich zwar wahrgenommen habe, daß er mir die Hand gab. Auch habe ich gesehen, daß meine Finger anders, irgendwie gequetscht aussahen. Aber das hätte doch − wie später im Bett − wehtun müssen. Im Wohnzimmer habe ich keinen Schmerz gespürt.«

Was war da passiert?

»Anscheinend war meine Hand leblos, gefühllos, ich weiß nicht, was cs war.«

»Du warst schmerzparalysiert.«

»Es war irgendwie merkwürdig. Es ist mir in dem Moment nicht aufgefallen, das war das Merkwürdige an der Sache.«

War es das erste Mal, daß Ihre Eltern erschienen sind?

»Nein, viel früher wurde eines Tages angekündigt, daß ich jemanden aus meiner Verwandtschaft rufen könnte, weil bei mir auch einige Leute gestorben waren, mein Vater und meine Mutter etwa.

Mir schien es natürlich interessant, einmal zu sehen, was dabei herauskommt, wenn mein Vater oder meine Mutter erscheint.

Wir haben also gewartet. Ich wußte nicht, was nun geschehen würde. Es war das erste Mal, daß ich aufgefordert wurde, zu sagen, wer kommen sollte. Ich habe überlegt und mich für meinen Vater entschieden. Wenn das möglich wäre, wollte ich, daß er kommt.

„Was machst du nun", dachte ich, „einfach nach dem Toten zu rufen, das sind Dinge, die mir nicht liegen."

Ich habe mich für meinen Vater entschieden, weil meine Mutter so eigene Ansichten hatte. Sie pflegte immer zu sagen: „Tote soll man ruhen lassen." Also sollte man, so hatte ich das verstanden, weder schlecht über sie reden noch sie rufen, man soll sie eben ruhen lassen.

So dachte ich, die hat das früher immer gesagt, wenn du die jetzt rufst, ist sie bestimmt sauer. Dein Vater hat nie etwas gesagt, dachte ich, dann rufst du ihn.

Am Abend darauf kam mein Vater dann auch, ich meine, mein Mann hat es mir gesagt. Also, das erste, was mein Vater durch Hans-Peter sagte, war: „Hilde, hör auf zu rauchen. Sonst geht es dir wie mir." Er ist an Lungenkrebs gestorben. Aber ich habe meinen Vater nicht gesehen. Also kann ich jetzt nicht sagen, ob er da war oder nicht.«

Paulussen kommt wieder auf das Schulproblem seiner Tochter zu sprechen:

»Am nächsten Tag fuhr ich zur Hauptschule meiner Tochter und ließ mich bei dem Rektor der Schule melden. Schon bald saß ich ihm gegenüber.

„Herr Rektor", begann ich, „ich frage mich hier allen Ernstes, was das soll. Sie haben einen Brief an den Kultusminister geschrieben mit der Bitte, meine Tochter Anja von der Schule zu weisen."

Er war völlig überrascht. „Wie bitte?"

„Bitte! Ich sage Ihnen hiermit, wo sich der Brief befindet. In der zweiten rechten Schublade ihres Schreibtisches. Er liegt dort in einer Dokumentenmappe."

Der Rektor wurde nervös, sah mich an.

„Herr Paulussen, sagen Sie mal, woher wissen sie das?"

„Bitte, schauen Sie nach, ich habe sicher recht."

Er holte daraufhin aus der zweiten Schreibtischlade eine Mappe, schlug sie auf, und da lag tatsächlich der Brief an den Kultusminister. Der Rektor war völlig konsterniert. Er konnte einfach nicht begreifen, wie ich von dieser Sache erfahren konnte, und fragte mich: „Herr Paulussen, bitte sagen Sie mir, woher haben Sie diese Information? Dies ist eine Sache, die sehr geheim ist."

„Wo ich es her habe, ist für diesen Fall überhaupt nicht von Interesse. Aber ich warne Sie davor, diesen Brief abzuschicken. Das hätte für die Schule fatale Folgen."

„Herr Paulussen", erklärte er, „ich kann Ihnen sagen, warum wir den Brief abschicken wollen. Ihre Tochter wurde des öfteren erwischt, als sie in der Pause rauchte. Wir haben sie mehrmals ermahnt, doch sie hat es sich nicht zu Herzen genommen. Somit sahen wir keine andere Möglichkeit, als Ihre Tochter von der Schule zu weisen."

Ich sagte ihm, das könne er machen, aber ich würde dann eine Information an die Presse weiterleiten, daß es in dieser Schule Lehrer geben würde, die gemeinsam mit den Schülerinnen und Schülern in einem Raum rauchen, daß Lehrer Schülern und Schülerinnen sogar Zigaretten geben. Er fragte mich, ob ich diesen Raum kenne.

„Wir können jetzt gemeinsam zu diesem Raum gehen, und Sie werden es erleben", forderte ich ihn auf. Er bat mich darum, und wir gingen gemeinsam in einen Raum, wo sich wirklich Lehrer und Schüler aufhielten, die gemeinsam rauchten.

Wir kehrten in das Rektorat zurück, wo er den Brief nahm und zerriß.

„Herr Paulussen, ich danke Ihnen für dieses Gespräch und dafür daß Sie mir die Augen geöffnet haben. Ich glaube, ich hätte einen großen Fehler gemacht. Ich bin Ihnen sehr zu Dank verpflichtet. Aber, Herr Paulussen", fragte er, „wie haben Sie davon erfahren, und wie konnten Sie so zielstrebig in diesen Raum gehen?"

„Wissen Sie, das verstehen Sie nicht und würden es auch nie verstehen. Nehmen Sie es einfach als gegeben hin."

Ich habe mich vom Leiter der Schule verabschiedet. Er bat mich darum, ihn zu informieren, wenn ich irgendwo zu neuen Informationen kommen sollte, die für die Schule von Wichtigkeit seien.

Ich bin dann dem Besuch beim Rektor zu meiner Frau in das Geschäft gefahren und habe ihr über diese Sache berichtet.

„Mein Gott", sagte sie, „das ist alles so eigenartig."

Ich antwortete: „Weißt du, was sein muß, das muß sein, und was kommen soll, wird auch kommen."«

Und dann war da noch die Geschichte von André, der tödlich verunglücken sollte:

»Es war so gegen 22.45 Uhr. Wir saßen zusammen im Wohnzimmer, als ich in Gegenwart von Anni, Hans und meiner Frau plötzlich in Trance fiel. Wir hatten uns ganz normal unterhalten. Von einer Sekunde zur anderen sackte ich in mich zusammen und war weggetreten. Es meldete sich Oma Gertrud, Vater und auch meine Schwiegermutter. Sie zeigten mir einen Film, in dem ich sah, wie unser Sohn André tödlich verunglücken würde. Dieses Unglück sollte sich in der Nacht von Samstag auf Sonntag wie folgt ereignen:

Mein Sohn war auf dem Heimweg von einer Feier. Kurz vor dem Ortsschild Wertingen-Hohenreichen ist er mit seinem Mofa gegen den Bordstein gefahren, über das Lenkrad gefallen und mit der rechten Schläfenseite gegen die Bordsteinkante geschlagen. Es quoll ihm Blut aus Nase, Auge, Ohr und Mund, er war tot.

Nach diesen Bildern war ich verzweifelt und bat meine Oma, meinen Vater und meine Schwiegermutter, mir zu helfen, das Geschehen zu verhindern. Ich wollte meinen Sohn behalten, er durfte nicht so sterben. Meine Oma beruhigte mich: „Kaufe für den Jungen sofort einen Sturzhelm. Dieser Helm wird ihm das Leben retten. Wir zeigen dir auch, was dieser Sturzhelm bewirkt."

Und dann zeigten sie mir wieder einen Film. Ich sah, wie mein Sohn verunglückte, aber dabei nur ein paar Schrammen und Prellungen davonträgt. Der Sturzhelm ist an der Stelle zerkratzt, aber André lebt.

Das alles kam aus mir heraus, wurde durch mich ausgesprochen, während ich das alles geistig erlebte. Als ich wieder zu mir kam, war meine Frau sehr nervös. Auch unser Besuch hatte es miterlebt.

Gleich am nächsten Tag, es war ein Samstag, holte ich meinen Sohn vom Bäckereibetrieb ab, und wir kauften einen Sturzhelm. Ich bat meinen Sohn, diesen auch zu tragen, was er mir sehr widerwillig versprach.

„Bitte, tu es nicht mir zuliebe, trage ihn der Mutti zuliebe. Wir wissen, was wir dir sagen. Bitte, befolge unseren Rat."

Mein Sohn versprach es mir.

Am Nachmittag saßen wir mit unserem Besuch zusammen und unterhielten uns über Verschiedenes, das sich im Laufe der Zeit bei mir ereignet hatte. Abends kam mein Sohn zu uns und sagte, daß er zu einer Feier fährt und wir nicht auf ihn zu warten brauchten. Wir könnten in Ruhe zu Bett gehen. Wir baten ihn nochmals, den Sturzhelm zu tragen. Er versprach es.

„Bitte, schaut, ich habe ihn auf und werde vorsichtig sein."

Mein Sohn fuhr dann los, und trotz der Vorhersage war ich an diesem Abend sehr ruhig, nicht aufgeregt. Gegen halb ein Uhr nachts begaben wir uns zu Bett. Ich schlief in der Nacht sehr ruhig, ohne jeglichen Besuch aus der jenseitigen Welt.

Als ich am Sonntagmorgen aufstand und an der Garderobe vorbeiging, blieb ich wie angewurzelt stehen: Dort hing die Jacke meines Sohnes. Sie war beschädigt. Im Eßzimmer saß unser Besuch aus Österreich mit meiner Frau und meinem Sohn, der sehr geknickt war.

Ich sagte ihm: „Du, André, du brauchst mir nichts zu erzählen, ich weiß Bescheid. Ich möchte dich nur um eines bitten: Danke dem lieben Gott, danke der Muttergottes, daß du mit einem blauen Auge davongekommen bist."

Wir konnten jetzt unserem Sohn erzählen, warum wir darauf bestanden haben, daß er einen Sturzhelm trägt. Und er versprach: „Ich werde nie wieder ohne Sturzhelm fahren."

Er hatte verstanden, daß man ihm das Leben wiedergegeben hat.«

Kapitel 3

Wie angekündigt, kam Paulussens Mutter auf Besuch. Eine Frau, die sehr gerne redet, was mir sehr gelegen kam. Ich fragte gleich: *Wie war Ihr Sohn früher?*

»Wie mein Sohn war? Peter wurde am ersten Pfingsttag morgens um elf Uhr geboren. Mittags ist er von Clemens August Graf von Galen getauft worden, weil Pfingsten war. Das war für die Schwestern im Hiltruper Kloster ein Ereignis, und die Neugeborenen bekamen einen besonderen Segen. Hinterher gab es einen Bombenangriff. Ich bin in den Keller gebracht worden. Mittags kam Clemens August, und als er nach besonderen Ereignissen fragte, erzählte die Schwester Oberin: „Ja, wir haben einen kleinen Jungen, der mit gefalteten Händen zur Welt kam. Das wird bestimmt ein schöner Pater.«

»Haben sie nicht auch gesagt: „Der beschützt jetzt bestimmt unser Krankenhaus?"« fragt Frau Paulussen.

»Nein. Clemens August Graf von Galen hat gesagt: „Dann werde ich das Kind sofort taufen." So hat er ihn im Keller feierlich getauft. Es war richtig rührselig. Hinterher mußte er wegen des Bombenangriffes nochmal getauft werden. Das war dann eine Nottaufe.

Er ist ein paar Mal krank gewesen, als er klein war. Aber sonst hat er sich prächtig entwickelt. Mit ihm hatte ich einen großen Wildfang als Sohn. Er war ein sehr schwieriger Junge. Zwar folgte er brav, war aber auch furchtbar lebhaft und wißbegierig. Wenn sich irgendwie etwas Außergewöhnliches ereignete oder wenn etwas Unvorhergesehenes eintrat, dann war der Junge so unruhig. Er sagte immer: „Mama, da ist etwas im Anzuge."

„Hör auf", sagte ich stets, „du redest Blödsinn."

Wir haben immer mit ihm geschimpft. Und meine Mutter sagte: „Mein Gott, nun schimpf doch nicht immer mit dem Jungen."

Oft habe ich ihm eine Tracht Prügel verpaßt. Oder wenn in der Nachbarschaft etwas geschah, kam er an: „Der oder der stirbt."

Er hat mir auch immer die Namen gesagt. Ich sagte: „Hans-Peter, das kannst du doch nicht sagen."

„Mutti, auch wenn du das nicht glauben willst, das stimmt. Das kommt. Warte ab."

26

Etwa wie der alte Herr Schleitorf gestorben ist, hat er zu meinem Vater gesagt: „Weißt du was, Opa, Onkel Schleitorf stirbt."

„Ach, Junge, hör auf. Du kannst doch das jetzt nicht sagen."

Meine Mutter nahm das ernst. Ja, und der Mann ist dann doch tatsächlich noch abends gestorben.

Der Junge wußte auch in der Schule immer alles, was passieren würde. Ich habe das gar nicht so wahrgenommen, muß ich ehrlich sagen. Ich habe das immer irgendwie abgetan, weil ich auch keine Zeit für ihn hatte. Schließlich hatte ich noch sechs andere Kinder, Hans-Peter war der älteste. Heute leben nur noch vier.

Und dann, als er älter wurde — er kam zum Militär —, hat sich das irgendwie alles verloren."

Sie haben also immer an seinen Fähigkeiten gezweifelt, z. B. daß er in die Zukunft sehen kann?

»Ich habe das nie für wahr gehalten. Später erst hat sich das bei ihm noch mehr ausgeprägt. Und dann habe ich Dinge erlebt, die mich richtig schockierten.«

Was haben Sie erlebt?

»Daß er mir Dinge sagte, die eintrafen. Nur ein Beispiel: Mein Mann bekam einen Gehirnschlag. Noch bevor ich meinen Sohn anrufen konnte, rief er mich an.

„Mutti, ist was passiert?"

„Was hast du, Hans-Peter?"

Und dann erzählte ich ihm, was passiert war.

„Ja, Mutti", sagte er darauf, „sei ganz ruhig, aber Papa wird nicht mehr lange leben."

Mein Mann hat dann noch anderthalb Jahre gelebt und ist am 25. Mai gestorben. „Du wirst Papa einmal tot vorfinden", hatte Hans-Peter gesagt. Das hat gestimmt. Ich kam mittags nach Hause, und mein Mann saß tot auf der Couch.

Wieder rief Hans-Peter mich aus Bayern an. .

„Mutti, ich wollte nur noch einmal fragen, wie es dir geht."

„Hans-Peter, Hans-Peter", sagte ich.

„Ich weiß, Papa ist tot."

„Wer hat dich denn angerufen?"

„Keiner, das weiß ich."

Ja, und dann kam er nach Münster und hat erst richtig gesagt, was los war. Erst durch dieses Erlebnis erfuhr ich, daß bei ihm die Fähigkeit so stark ausgeprägt ist. Da war ich natürlich ein bißchen geschockt. Er hat auch den Kontakt zwischen mir und meinem Mann hergestellt.«

Hat dieser Schock bei Ihnen nachgelassen?

»Ja, ich war geschockt, muß ich ehrlich sagen. Das habe ich ihm auch gesagt. „Hans-Peter, verausgabe dich nicht. Schone deine Gesundheit."

Einmal habe ich erlebt, daß er ganz weg war. Ich habe gedacht, der kommt nicht mehr zurück. Mit dem Jungen geht es zu Ende. Weil ich das ja so noch nicht erlebt hatte.«

Hat er sich eigentlich im Laufe der Jahre verändert?

»Sehr. Ich sage immer, Hans-Peter hat sich um 180 Grad gedreht. Er war ein sehr lebhafter Junge und ist im Laufe der Jahre ein stiller, in sich gekehrter Mensch geworden. Sehr ruhig und in sich gekehrt. Er hat nicht mehr diese Lebhaftigkeit. Es ist ja auch immer mehr auf ihn eingestürzt.

Ich will Ihnen noch ein Beispiel erzählen, das mit meiner Schwiegermutter zu tun hat. Wir waren in Granterath. Er war immer bei der Großmutter, seiner Oma Gertrud. Peter hat im Garten gespielt, während ich bei meiner Schwiegermutter am Bett saß. Auf einmal hat er im Garten zu Opa gesagt: „Opa, wir müssen ganz schnell reingehen. Oma stirbt."

Dann kam er reingelaufen, ich vergesse das nie, geht zum Bett der Oma und sagt: „Hallo."

Da sagte Oma: „Jetzt bist du doch da."

„Ja", sagte er.

Und Oma legte den Kopf auf die Seite und war tot.

Wir haben uns alle groß angesehen, waren geschockt. Auch wie Tante Tina gestorben ist, hat er alles miterlebt. Das kann ich aber nicht erzählen, auf keinen Fall.

Auch den Tod seines Vetters sah er voraus. Vor zwei Jahren rief er mich an und sagte: „Mutti, du kriegst einen Anruf. Onkel Willi stirbt."

„Hans-Peter, bist du noch ganz in der Welt? Ich habe doch vor kurzem noch mit ihm gesprochen."

„Wenn ich es dir sage", beharrte er, „wenn du Bescheid kriegst, sage es mir bitte."

Ich versprach es ihm, wandte aber ein: „Man kann auch dir Bescheid geben."

„Nein, du kriegst einen Anruf, nicht ich."

Samstagmittag um zwölf läutete bei mir das Telefon.

„Hallo, Anneliese", meldete sich Maria, die jüngste Schwester meines Mannes, „du, ich wollte nur . . ., ich habe schon bei Ulli und bei Heinz angerufen, die sind nicht da. Ich darf an und für sich bei dir nicht anrufen, denn du darfst dich wegen deiner spastischen Asthmabronchitis nicht aufregen . . .".

Ja, und das hat Hans-Peter auch gesagt, daß diese Krankheit wieder besser wird.

Zurück zu dem Anruf. Sie sagte: „Weißt du, Jansen ist tot."

„Willi?"

„Ja."

„Woher weißt du das?"

„Heinz-Josef hat bei mir angerufen."

„Mein Gott, das gibt es doch nicht. Maria, schönen Dank auch."

Darauf sagte sie noch: „Sage aber nicht, daß Du es von mir weißt."

Nun fand ich natürlich keine Ruhe mehr. Ich rief Heinz-Josef an, der mir erzählte, was geschehen war.

Willi war auf der Toilette in gehockter Stellung gestorben, genauso, wie Hans-Peter es geschildert hatte. Daraufhin rief ich Hans-Peter sofort an.«

Ihr Sohn hatte Ihnen also erzählt, wie Onkel Willi sterben würde?

»Das hat er erst später getan, als ich bei ihm anrief.

„Hans-Peter", sagte ich. „Onkel Willi ist tot."

„Ich will dir auch sagen, wie er gestorben ist. Er hat in der Ecke gesessen, die Knie angezogen, mit den Händen darauf, in Hockstellung."

So hat er mir das beschrieben, in der Hockstellung. Aber niemand hatte ihm Bescheid gegeben, keiner hatte bei ihm angerufen. „Siehst du, Mutti", hat Peter noch hinzugefügt, „was habe ich dir gesagt."

„Hans-Peter, sei vorsichtig", konnte ich nur antworten.«

Ist Ihnen Ihr Sohn irgendwie unheimlich, wenn Sie ihm z. B. immer sagen: „Sei vorsichtig!"?

»Nein. Heute nicht mehr. Ich weiß nur soviel . . .«, beginnt seine Mutter jenes Erlebnis zu schildern, das sie wohl am meisten beeindruckt hat:

»Ich war sehr krank. Ich bekam ständig Erstickungsanfälle und war mehr im Krankenhaus als zu Hause. Alle haben gedacht, ich werde nicht durchkommen. Und da kam Peter, er war lange nicht dagewesen. Am ersten Weihnachtstag oder am zweiten Weihnachtstag, das weiß ich nicht mehr, läutete es an der Tür, und er sagte zu mir: „Mutti . . .". Ich fing natürlich zu weinen an und zitterte am ganzen Körper, weil ich sehr schwach war. Ich bin von 230 Pfund auf 130 Pfund abgemagert. Und da sagte er: „Mutti, du wirst wieder gesund."

Wir saßen alle zusammen. Plötzlich wurde der Hund furchtbar unruhig, und er sagte: „Mutti, Papa will mit dir sprechen."

„Was will Papa mit mir sprechen? Nein, Hans-Peter, das möchte ich nicht."

„Doch, Papa hat keine Ruhe. Er möchte mit dir sprechen."

Auf einmal, ganz von allein, schaltete sich der Fernsehapparat aus. Ich dachte, was ist denn das?

Hans-Peter lag auf der Couch, und ich hörte eine Stimme murmeln. Ich fragte: „Du, was ist denn mit dir?"

Er hatte sich verändert, so hatte ich ihn noch nicht gesehen. Und er sagte: „Papa will mit dir sprechen. Bist du bereit?"

„Ja."

„Papa sitzt bei dir."

Und da wurde meine rechte Seite warm, und ich rückte immer weiter im Sessel nach links. Dann spürte ich einen richtigen Druck am Arm. Als ob jemand neben mir sitzen würde.

Ich sagte: „Hans-Peter, was will Papa denn hier?"

„Der Papa kriegt keine Ruhe." Ich sollte ihn nicht vergessen, sollte ihm verzeihen. Ich hatte nämlich bittere Jahre mitgemacht.

Und da habe ich gesagt: „Es ist gut, ich werde alles vergessen und ihm verzeihen."

30

Dann hat er noch ein paar Fragen gestellt. Keine besonderen Fragen. Auch ich habe ihm Fragen gestellt, über Dinge die eben unbedingt geklärt werden mußten. Ich habe auch auf alle Fragen eine Antwort erhalten und war dann beruhigt.«

Es entwickelte sich also ein richtiges Gespräch?

»Es war ein richtiges Gespräch, ein sehr interessantes.«

Die Stimme, war das jene Ihres Mannes?

»Die kam über Hans-Peter. Die Tonlage war Hans-Peters, doch die Inhalte kamen eindeutig von meinem Mann. Hans-Peter konnte diese Details gar nicht wissen.«

»Ich spürte seitlich einen Druck, das war, als wenn er sich bei mir anlehnen würde.«

Was haben Sie dabei gedacht?

»Ich habe es mit der Angst zu tun bekommen, rückte immer weiter, weil mir die Seite unangenehm warm wurde. Ich muß ehrlich sagen, daß ich gedacht habe: „Mein Gott, Hans-Peter, du nervst einen doch langsam." Ich hatte Angst. Ich habe schon immer Angst gehabe.«

Wie ist jetzt Ihre Beziehung zu ihm?

»Gut. Und Hilde ist eine wunderbare Schwiegertochter. Er ist sehr besorgt. Wenn etwas ist, kommt er immer gleich. Man hat es auch nicht so einfach im Leben, wenn man, wie ich, alleine ist.«

Und seine Fähigkeiten, das ist für Sie schon etwas Normales?

»Fähigkeiten?«

Damit meine ich die Kontakte zum Jenseits.

»Davon weiß ich. Das habe ich durch den Kontakt zu meinem Mann gemerkt. Wenn ich einmal etwas Besonderes wissen will, fragt er oben nach. Manchmal weicht er aus. „Mutti, die Belastungen sind für dich zu groß."«

Hatte schon jemand in Ihrer Familie so ähnliche Fähigkeiten?

»Nein. − Ja doch, meine Schwester hatte auch immer so Ahnungen, und wenn sich irgendwas besonderes ereignete, wurde sie auch unruhig. Aber das war ganz anders als bei Peter, bei ihm ist das ausgeprägter.«

»Erzähl die Geschichte von Wiwalowski, wo du mich gefragt hast, was mit ihm ist«, fordert Paulussen seine Mutter auf.

»Wir saßen in der Küche, da habe ich gesagt: „Schau einmal her, der Wiwalowski kommt."

„Mutti, der lebt nicht mehr lange. Der Mann ist voller Krebs."

Das waren seine Worte. Und dann sagte ich: „Hans-Peter, sag das nicht. Wenn das Gerda hört, dreht sie durch."

Ein Vierteljahr später war er tot. Das war furchtbar.«

Gab es viele solche Erlebnisse?

»Ja, wenn ich drauf gebracht werde, kann ich erzählen.«

Waren die Erlebnisse immer nur auf den Tod bezogen?

»Auf den Tod bezogen?«

Nicht auf den Tod allein?

»Nein, z. B. mit einer Krankheit, da sagtest du ...«

Hat sich das schon gebessert?

»Ich hatte oft Erstickungsanfälle. Aber Peter sagte: „Mutti, du mußt ruhiger werden. Du stirbst noch nicht. Du wirst noch ganz alt."

Ich bin jetzt auch innerlich ruhiger geworden, dank Dr. Hochenegg. Durch seine Medikamente geht es mir entschieden besser. Die Endheilung muß erst noch erfolgen.«

Ich wende mich wieder Paulussen zu. Wie ist er als Mensch? Diese Frage wollte ich genauer beantwortet haben. So frage ich, ob er nicht gern jemand anderer wäre.

»Ich wäre froh, wenn ich manchmal sein könnte wie andere. Nur *einmal* so richtig ausflippen, das wäre etwas. Aber ich kann es nicht, weil alle sagen würden: „Das bist du gar nicht." Man kennt mich eben nur von einer ruhigen Seite. Ich möchte einmal richtig auf den Putz hauen. Das ist einfach nicht drin. Es muß alles so sein, hat seine Bestimmung und Bedeutung. Ich habe mich bereiterklärt, habe gesagt, gut, okay, ich bin eben so. Doch ich bin trotzdem, meine ich jedenfalls, ein ganz normaler Mensch.«

Sie würden gern jemand anderer sein?

»Ja, würde ich schon. Ich würde mit jedem Menschen tauschen. Mit jedem. Einmal anonym sein, irgendwohin gehen, wo man mich nicht kennt, und einfach so richtig die Sau rauslassen, das wäre etwas. Schön wäre auch, mich einmal so richtig vollaufen zu lassen, aber bei sechs Glas Bier streiche ich die Segel. Nach sechs kleinen

Gläsern bin ich mit der Welt fertig. Ich möchte ein Mensch mit einem ganz normalen täglichen Ablauf ohne Anrufe sein.«

Sie dürften in Ihrem Leben schon ziemlich viel gelesen haben?

»Ja. Kriminalromane, Western.«

Welche Bücher haben Sie geprägt?

»Mich hat kein Buch geprägt.«

Was ist Ihr Lieblingsbuch?

»Ja, es gibt ein Lieblingsbuch: „Es muß nicht immer Kaviar sein". Ich lese gerne Simmel. Konsalik lese ich auch sehr gerne. Das sind Bücher, die zum Schmunzeln sind, dabei kann ich auch abschalten.«

Lieblingsmusik?

»Don-Kosaken, mystische Musik, Musiker, die im Gesang sehr viel aussprechen, das höre ich sehr gerne. Ich höre gerne Musik von Persönlichkeiten, die ich im Leben selbst kennengelernt habe, die leider nicht mehr auf diesem Planeten weilen, wie René Caroll, der mir zu Lebzeiten ein Freund war. Auch Rudolf Schock zählt dazu, wegen seiner Hingabe. René Caroll, weil er mit beiden Beinen im Leben stand und nichts anbrennen ließ. Er hat das Leben einfach genossen, hat das aber auch nicht verheimlicht, hat sich dazu bekannt, was mich sehr beeindruckt. Mario Lanza höre ich auch gerne. Diese einmalige Stimme, die der Mann hatte, fasziniert mich. Aber über allem stehen für mich die Don-Kosaken. Diese Musik gibt mir sehr viel Kraft.«

Gibt es einen Film, der Ihnen gut gefallen hat?

»Ich war früher ein Kinogänger par excellence. Oft ging ich am Sonntag drei- oder viermal hin. Aber Lieblingsfilm habe ich keinen. Immer wieder gerne sehe ich im Fernsehen „Hatari" mit John Wayne und Hardy Krüger. Der läuft jetzt am Wochenende wieder. Also werde ich ihn mir wieder ansehen. Das ist dann, glaube ich, das fünfte oder sechste Mal.«

»Ich sehe das so«, schaltet sich Frau Paulussen wieder ins Gespräch ein,»wenn jemand die Begabung hat, warum auch immer, ist er trotzdem ein Mensch. Es kann z. B. sein, daß ein hochbegabtes Mädchen säuft. Oder bei Hans-Peter regen sich manche auf, daß er raucht. Sie sagen: „Ja, du mußt das und das. Ich habe gelesen . . .". Wie der eine Mann, der dich zusammengestaucht hat.«

»Ja.«

»Der hatte eine bestimmte Vorstellung, was ein Medium ist. Er berief sich auf ein Buch, das er gelesen hatte. Ein Medium hat gefälligst morgens erst einmal zu meditieren und zu beten, und dann hat es nicht zu rauchen und darf überhaupt keinen Alkohol trinken.«

»Aber er selbst säuft«, ergänzt Paulussen.

»Aber er selbst war ewig besoffen, ja. Und genauso kann es sein, wie z. B. Dr. Hochenegg, der einen Spleen für schnelle Autos hat. Es würde mich nicht wundern, wenn er eines Tages mit seinem Auto . . .«

». . . einen schweren Unfall hat und er selber gar nicht dabei zu Schaden kommt.«

»Oder vielleicht, daß so ein Auto sein Tod sein wird . . .«

»Nein. Das Auto wird nicht sein Tod sein. Aber es kann zu schweren Verletzungen führen. Die würde er überleben. Aber die Leute, die sehen, wie sein Auto nachher aussieht, sagen: „Er müßte tot sein."«

»Das kann durchaus auch sein.«

»So wie bei dem Unfall meines Sohnes. Hätte er den Sturzhelm nicht getragen, wäre er wohl tot.«

»Ja, aber auch ein Medium ist ein Mensch. Und wenn er irgend etwas macht, das ihm nicht bekommt, dann schützt ihn keiner vor den Folgen.«

Wenn Sie versuchen, Kontakt mit dem Jenseits aufzunehmen, wie passiert das, wende ich mich an Paulussen zu.

»Ich rufe sie, bitte drum.«

Einfach so, oder versetzten Sie sich in Trance?

»Ich setze mich hin, so wie jetzt, vollkommen ruhig, entspannt, und bitte um Kontakt. Und ich bekomme ihn auch. Wie er aussieht, ob es in Volltrance oder in einer Teiltrance geschieht, das bestimmen die oben. Das werden Sie morgen noch erleben. Es kommen Leute, die krank sind und die wir, Manfred Kage und ich, heilen werden. Ich führte vorige Woche ein Gespräch mit ihm. An ihn hat sich ein Mann gewandt, ein Türke, der mit dem Rücken große Probleme hatte, und wir haben an ihm eine Heilung vorgenommen. Er hatte einen Tag später noch große Schmerzen, was jedoch so sein mußte, aber dann war er von den Schmerzen befreit. Der kommt morgen, mit seinem Vater, der durch den Unfall das Hüftgelenk verloren hat. Er leidet unter sehr starken Schmerzen. Wir werden versuchen, ihm die Schmerzen zu nehmen, also praktisch die Schmerzen zu paralysieren.«

Es steht also schon fest, wem geholfen wird?

»Ja. Das findet morgen hier in der Wohnung statt.«

Kapitel 4

Am Abend setze ich mich wieder mit Paulussen zusammen. Er erzählt mir von seinem Umzug nach Münster:

»Mitte November, als ich abends mit meiner Frau zusammen im Wohnzimmer saß, wurde ich von der jenseitigen Welt wieder in einen Trancezustand versetzt. Meine Großmutter sagte durch mich: „Du wirst diesen Ort verlassen, wirst wieder in deine Heimat Münster zurückkehren. Der Ort, wo du dich jetzt befindest, wird in der Zukunft nicht sicher sein. Erde und Wasser werden sich in Bewegung setzen. Gehe von hier weg. Du darfst hier nicht bleiben. Du wirst in Münster wieder eine sehr gute Arbeit bekommen."

Ich wurde aus der Trance zurückgeführt. Meine Frau hatte sich alles aufgeschrieben, was ich in Trance von mir gegeben hatte.

Sie sagte: „Ich kann mir nicht vorstellen, daß wir von Bayern jemals wieder nach Münster gehen werden. Das ist mit Sicherheit nicht richtig. Wir werden hier bleiben."

So fragte ich meine Großmutter noch einmal, worauf sie mir ihre Aussage noch einmal bestätigte.

Ich fragte auch: „Wann werden wir gehen?"

„Ende 1985. Ab 1986 werdet ihr wieder in Münster wohnen. Viele Ereignisse werden euch ereilen. Dein Domizil wird bis ins hohe Rentenalter Münster bleiben. In Münster werden viele Menschen zu dir kommen, die deine Hilfe und deinen Rat benötigen. Hier bist du nicht sicher. Du darfst hier mit deiner Familie nicht bleiben."

Meine Frau sah mich groß an.

„Ich verstehe nicht, warum wir nach Münster gehen sollen. Du hast Arbeit, wir besitzen hier ein Geschäft . . ."

„Du, Schatz", sagte ich, „wenn es so kommen soll, wie es von oben gesagt wurde, dann wird es so sein."

„Ich habe mir das notiert", sagte meine Frau, „laß uns doch darüber mit Frau Moorenweiser in Augsburg sprechen."

Ich willigte ein.

Am nächsten Tag rief ich Frau Moorenweiser in Augsburg an und fragte, ob wir sie besuchen dürften, um mit ihr über das, was uns aus der jenseitigen Welt mitgeteilt worden war, zu sprechen. Sie stimmte zu.

Am Wochenende fuhren wir nach Augsburg. Frau Moorenweiser nahm den Kontakt zu ihrer Großmutter auf, und die sagte klar und deutlich, daß wir nicht in Hohenreichen bleiben, sondern nach Münster zurückgehen werden. Sie bestätigte auch, daß unser Aufenthaltsort Hohenreichen in keiner Weise sicher sei, daß sich Wasser und Erde in Bewegung setzen und wir Ende 1985 von Hohenreichen wegziehen würden. In der Zwischenzeit würden uns Schicksalsschläge ereilen. Wir sollten uns aber keine Sorgen und Gedanken machen, uns würde von oben, aus dem Jenseits, geholfen werden.

Mit dieser Information gaben wir uns zufrieden und diskutierten bis spät in die Nacht hinein. Uns war nicht klar, warum wir jetzt wieder nach Münster zurück sollten. Und ich sagte immer wieder:

„Das ist bestimmt, ist verfügt, wir müssen wieder zurück.“

Da sagte uns Frau Moorenweiser:

„Wißt ihr, ich habe so eine ähnliche Information vor Jahren auch schon bekommen. Es betraf den hiesigen Raum Donauwörth, Wertingen, Augsburg. Uns wurde aufgetragen, in der Schweiz ein Domizil zu suchen, wo wir sicher seien, da sich hier Erde und Wasser in Bewegung setzen würden und diese Landfläche daher nicht sicher sei.“

Ich sagte: „Wissen Sie, Frau Moorenweiser, das wird sich alles zeigen und ergeben.“

„Du darfst nicht zweifeln. Zweifle nie. Es wird so kommen, wie es von der jenseitigen Welt gesagt wird. Sie spielen nicht. Sie haben es nicht nötig, mit jemandem zu spielen. Das, was sie sagen, ist ehrlich und aufrichtig.“

Ich habe diese Worte behalten, denn die Worte „ehrlich und aufrichtig“ bedeuteten mir sehr viel.

Das Jahr ging zur Neige. Wir verlebten ein ruhiges, besonnenes Weihnachtsfest und rutschten in das Jahr 1984. Dieses Jahr sollte einige gravierende Schicksalsschläge für uns bereithalten.

Wie schon erwähnt, wurde ich sehr krank. Diagnose: Magenkrebs im Anfangsstadium, wobei der Heilungsprozeß einen guten Verlauf nahm und ich mich wieder daranmachte, mir eine Arbeit zu suchen.

Ich bewarb mich bei vielen Firmen, bekam aber nur Absagen, da ich meinen Beruf schon zu lange nicht mehr ausgeübt hatte. Schließlich ergab sich eine Anstellungsmöglichkeit, vor der mich jedoch meine jenseitigen Freunde warnten.«

Er nahm den Posten an, die Firma ging in Konkurs, die zustehende Provision wurde nie ausbezahlt.

»Als ich dann wieder die Fachzeitschrift nach Stellenangeboten durchzublättern begann, riet mir meine Frau: „Frag doch mal deinen Vater, was er von den Firmen hält."

„Gut, das werde ich machen", versprach ich und nahm Kontakt zu meinem Vater auf. Er meldete sich sehr schnell. Ich fragte ihn, was er von den Firmen, die ich angekreuzt hatte, halten würde.

„Laß doch die Leute zu dir kommen", lautete sein Rat. „Fahre nicht selber. Schreibe nur, daß du zu einem Gespräch bereit bist und daß du darum bitten würdest, daß man sich bei dir meldet."

Als ich bei meiner Suche auf eine bekannte deutsche Hosenfirma stieß, sagte mein Vater: „Der Mann dieser Firma wird zu dir kommen, er wird dir sehr viel über das Unternehmen erzählen. Doch dieser Mann lügt, ist nicht ehrlich. Er will nur deine Arbeitskraft, wird dich jedoch nicht honorieren. Du wirst im Gespräch feststellen, daß er sich sehr oft wiederholt und bei den Wiederholungen jeweils eine andere Aussage macht.«

Auch das traf ein. Paulussen ließ sich jedoch überzeugen und fing bei dieser Firma mit der Kollektion für Frühjahr-Sommer 1985 an zu arbeiten.

»Mein Vater riet mir in einem interessanten Gespräch: „Lasse dir in den Vertrag reinschreiben: ‚Sollte die Firma vor dem 31. März 1985 in Konkurs gehen oder nicht mehr liquid sein, haftet der Inhaber der Firma persönlich für die restliche Provision‘."

Nachdem der Geschäftsführer der Firma das gelesen hatte, fiel er natürlich aus allen Wolken.

„Herr Paulussen, dieser Wunsch ist uns noch nie untergekommen. Eine derartige Klausel gab es noch in keinem Vertrag."

„Sie wollen mich engagieren, wollen auch von meinem Kundenstamm profitieren", sagte ich, „daher muß ich mich absichern. Ich kann nicht noch einmal soviel Geld investieren. Das würde meine Substanz bei weitem überschreiten."

Der Inhaber der Firma stimmte dem zu.

„Sie staunen, daß ich ohne jegliche Frage und ohne jeglichen Kommentar Ihren Anliegen und Bedingungen zustimme. Ich kann Ihnen auch sagen, warum ich dem ohne weiteres zustimme. Zum einen sind wir davon überzeugt, daß diese Kollektion hervorragend ist. Zum anderen sind wir als alteingesessene Firma liquid und Sie brauchen sich diesbezüglich keine Sorgen zu machen. Sie bekommen Ihre Provision. Aber ich bin bereit, persönlich für Ihre Restprovision mit meinem Bargeld zu haften."«

Im letzten Halbjahr 1984 bekam Paulussen aus dem Jenseits nur kleine, nicht bedeutungsvolle Informationen. Man wies jedoch immer wieder darauf hin, daß er bald nach Münster übersiedeln werde.

»Ich sollte also nicht versuchen, hier meine Existenz aufzubauen. Meine Oma sagte dazu etwas sehr Prägnantes.

„Johänken, du stellst unsere Worte einfach so auf die Seite. Du willst jetzt nicht wahrhaben, was wir dir gesagt haben, du schwimmst für dich auf einer Erfolgswelle. Aber ich warne dich, lehne nichts so ohne weiteres ab. Wir haben dir schon sehr viel über die nächste Zeit gesagt, und so wird es kommen."

Ich sagte ganz offen meine Meinung: „Oma, ich glaube, dieses Mal werdet ihr nicht recht haben. Ich bekomme meine Provision."«

Als die Provisionszahlungen aussetzten, wurde Paulussen unruhig und suchte den Inhaber der Firma privat auf. Die Firma war bereits wegen Konkurs geschlossen.

»"Herr Paulussen", sagte der Firmeninhaber, „ich kann nicht mehr. Wir sind am Ende. Die Banken haben uns die Gelder gesperrt. Es hängt mit einer Steuersache zusammen. Wir können die Gehälter und die Provisionen nicht mehr auszahlen."

„Okay", sagte ich, „ich bestehe jedoch auf unserem Vertrag, den Sie unterschrieben haben und in dem Sie mir die Zusage gegeben haben, auch persönlich zu haften."

„Herr Paulussen, ich kenne Ihren Vertrag und weiß was ich Ihnendamals sagte, und ich stehe auch zu dem, aber im Moment komme ich an kein Geld heran. Ich gebe Ihnen jedoch schriftlich, daß ich, sobald ich das Geld habe, es Ihnen sofort auszahlen werde. Ich kann Sie nur um Entschuldigung bitten."

Er gab mir ein Schriftstück, in dem er sich bereit erklärte, mir die Provision auszuzahlen, sobald er wieder über sein Geld verfügen könne. Aber schon in dem Moment, wo ich dieses Dokument in der Hand hielt, meldete sich meine Großmutter:

„Du wirst es nie bekommen. Nie. Warum hast du nicht auf unsere Warnungen gehört? Wie intensiv muß es dich noch treffen, bis du uns verstehst? Wieviel Lehrgeld willst du noch zahlen?"

Verzweifelt suchte Paulussen nach einer Arbeit. Schließlich stieß er auf eine kleine Anzeige, die kurz und prägnant lautete: „Suchen einen Verkaufsleiter für Freizeitmode. Fa. Schilling Intermandat, Haan bei Düsseldorf." Paulussen vereinbarte mit dem Inhaber ein Gespräch. Doch vorher wollte er seinen Vater um Rat fragen.

„Johänken, nimm diese Position an. Sie wird zwar nur von kurzer Dauer sein, wird aber das Sprungbrett für deine neu beginnende Tätigkeit darstellen, die im Herbst 1985 auf dich zukommt. Dann wird auch der von uns gemeldete Umzug stattfinden. Aber ich möchte dir auch klar und deutlich sagen, daß du bei dieser Firma sehr viel zu erdulden haben wirst. Deine Gesundheit wird stark angegriffen werden. Aber nimm die Arbeit an, denn dort wirst du das nötige Geld verdienen, um über die Runden zu kommen."

Ich war glücklich darüber, daß meine Oma und vor allen Dingen mein Vater mir das sagten. So fuhr ich mit meiner Frau nach München.

Der Inhaber der Firma war ein netter, symphatischer Mensch, aber in mir warnte mich etwas vor diesem Mann. Wir unterhielten uns über meine und seine berufliche Tätigkeit. Er sagte mir unter anderem klipp und klar, daß der Arbeitsbereich und das Arbeitsdomizil in Haan bei Düsseldorf seien und daß man dort auch wohnen müßte.

Ich sagte ihm: „Wissen Sie, ich gebe nicht so ohne weiteres mein Domizil hier in Bayern auf." Auch stand nicht fest, ob er mit mir zufrieden sein würde.

Wir vereinbarten folgendes: Er gab mir ein halbes Jahr Zeit, um mich einzuarbeiten, und dann könnte ich mich entscheiden, ob ich nach Haan oder nach Solingen ziehen wollte. Er wollte mir auch bei einer Wohnraumbeschaffung behilflich sein. Dann kamen wir zum Finanziellen, und er fragte mich, was mich mir vorstellen würde. Ich sagte klar und deutlich meine Vorstellungen.

„Ich habe an etwas mehr gedacht", meinte er darauf, „und das „Mehr" an das ich gedacht habe, möchte ich Ihnen auch zahlen, Herr Paulussen. Sie scheinen für diese Tätigkeit der geeignete Mann zu sein. Wann können Sie anfangen?"

Auf der Rückfahrt nach Hohenreichen sagte meine Frau: „Sollte das der Sprung nach Münster sein?"

Ich versuchte dann am gleichen Abend, es war gegen 24 Uhr, Kontakt zu meiner Großmutter Gertrud zu bekommen, aber es gelang nicht. Ich versuchte es am nächsten Tag, und sie sagte nur: „Johänken, denke daran, was ich dir gesagt habe."

„Ja, Oma. Wir haben uns die Durchsage, die du uns gegeben hast, notiert."«

Paulussen nahm in der Firma eine leitende Position ein und wohnte unter der Woche in Haan.

Anfang April bekam er erstmalig wieder Schmerzen im Magen- und Darmbereich, die er monatelang, seit Mitte 1984, nicht mehr gehabt hatte. Sie wurden bald unerträglich. Er führte sie auf den Streß zurück. Der rasante Neuaufbau, die Organisation, die vielen Auslandsreisen, das zehrte an seiner Gesundheit.

Freitagabends gegen 22 Uhr fuhr er mit dem Wagen von Düsseldorf nach Hohenreichen zurück. Hinter Günzburg schlief er am Steuer ein.

»Ich hatte als Firmenwagen einen sehr schnellen Renault 25 GTI, fuhr ca. 200 km/h, und schlief dabei wegen Übermüdung ein. Da bekam ich plötzlich einen kräftigen Schlag auf meine rechte Schulter und jemand rief: „Paß auf!"

Ich war auf einmal wieder hellwach und sah 10 bis 15 Meter vor mir einen Lastzug mit Hänger. Ich fuhr genau auf ihn zu. Ich stieg voll auf die Bremse. Hinter mir war Gott sei Dank kein Fahrzeug. Mein Wagen reagierte wie auf Kommando, er schlingerte nicht, schleuderte nicht, nichts. Ich stand auf einmal. Ich stand. Die Rücklichter des Lkw's entfernten sich. Bei dieser Geschwindigkeit hätte ich mich beim Bremsen überschlagen müssen, ich hätte ins Schleudern kommen müssen ... Das Fahrzeug stand. Und ich sagte in einem Seufzer der Erleichterung: "Ich danke euch. Danke, liebe Oma, danke, lieber Papa."

Und dann die Stimme: „Paß auf. Das wird deine letzte Fahrt sein, die du für diese Firma gemacht hast."

Auf diesen letzten Satz konnte ich mir keinen Reim machen, ich war auch zu fertig. Ich fuhr weiter, sehr ruhig und besonnen, und war auch wieder hellwach. Gegen Viertel nach zwei war ich dann zu Hause. Meine Frau hatte das Kommen gehört und war aufgestanden. Ich erzählte, was passiert war. Sie erschrak fürchterlich: „Mein Gott, dann fahr doch erst am nächsten Morgen!"

Ich sagte ihr auch, daß mir mitgeteilt worden war, daß dies meine letzte Fahrt für die Firma sein sollte. Ich begab mich zu Bett und stand morgens gegen neun auf. Ich tätigte mit meiner Frau die Einkäufe für das Wochenende. Am Sonntagnachmittag setzten meine Schmerzen im Magen wieder grausam ein. Ich schrie vor Schmerzen. Meine Frau sagte noch: „Hoffentlich kommt es nicht wieder zum Durchbruch."

Montagmorgens. Da ich noch immer große Schmerzen hatte, begab ich mich zu unserer Hausärztin. Als sie mich sah, sagte sie nur: „Herr Paulussen, wie schauen Sie denn aus? Sagen Sie, was ist mit Ihnen los? "

Ich habe ihr die ganze Sache erzählt.

„Sofort ins Krankenhaus", ordnete sie an, „sofort zur Untersuchung." Ich fuhr ins Krankenhaus. Der stellvertretende Chefarzt der Inneren Abteilung, der Mann meiner Hausärztin, erwartete mich schon. Ich wurde untersucht.

„Herr Paulussen", sagte er ernst, „jetzt fängt es wieder an. Das darf doch wohl nicht wahr sein. So lange Ruhe gehabt und jetzt ... Herr Paulussen, so wie Sie leben, fordern Sie es geradezu heraus. Aber noch ist es nicht so tragisch, daß man sich wirkliche Sorgen machen müßte. Doch ich rate Ihnen: erstens absolute Ruhe, zweitens vollkommene Diät. Und drittens, nehmen Sie die Medikamente, die ich Ihnen jetzt gebe."

Ich befolgte die Ratschläge, rief auch in der Firma an und erklärte die Sachlage. Mein Chef sagte: „Kurieren Sie sich bitte aus, Herr Paulussen. In einer Woche sieht das Ganze wieder anders aus."

Aber ich wußte schon, daß das länger dauern würde. Das Kapitel MILO- Sport war zu Ende.

Ich erholte mich von dieser Krankheit nicht so schnell. In der zweiten Maiwoche erhielt ich einen Einschreibebrief meines Arbeitgebers, in dem er mir die fristlose Kündigung mit der Begründung aussprach, daß ich den Anforderungen der Firma nicht gerecht geworden sei. Ich gab mich damit nicht zufrieden und schaltete den Rechtsanwalt ein. In der Zwischenzeit bezog ich kein Gehalt mehr, da ich schon über sechs Wochen krank war. Gegen meinen Arbeitgeber erhob ich Anklage vor dem Arbeitsgericht.

In der ersten Juniwoche 1985 las ich in einer Fachzeitschrift eine Anzeige: „Bekannter Miederwarenhersteller und Importeur sucht Verkaufsleiter für die Region Nord. Bewerbung unter Chiffre ...“ Wie der Blitz aus heiterem Himmel hörte ich in mir eine Stimme: „Schreibe. Warte nicht, schreibe. Wir halten dir diese Position frei. Schreibe!“

Ich erzählte das sofort wieder meiner Frau.

„Dann tu es bitte. Mach es“, forderte sie mich auf.

Eine Woche später erhielt ich von dieser Firma einen Brief, indem man mir mitteilte: „Sehr geehrter Herr Paulussen, wir haben Ihre Bewerbung dankend erhalten. Unser Prokurist, Herr Kümmerle, wird sich in den nächsten vierzehn Tagen bei Ihnen melden. Bitte halten Sie sich zu einem Gespräch bereit. Hochachtungsvoll, Firma Luwa.“

Ich war wie aus dem Häuschen, als ich diesen Brief bekam. Meine Frau strahlte auch und sagte: „Jetzt wird alles besser werden.“

Wir nahmen uns unseren Ordner heraus und blätterten nach, was uns Oma Gertrud und mein Vater vor Monaten durchgegeben hatten. Es konnte alles so eintreffen. Wir waren sehr frohen Mutes. Und das Eigenartige war, daß meine Schmerzen von einer Minute zur anderen nachließen. Ich hatte durch die Kur zwar nicht mehr so intensive Schmerzen gehabt, aber sie waren noch vorhanden.

Mitte Juni 1985 hatte ich das Einstellungsgespräch, zu dem mich meine Frau begleitete. Als ich das Gebäude zum erstenmal sah, war ich momentan ein bißchen perplex, weil mir alles so unscheinbar vorkam. Ich meldete mich im Sekretariat und wurde sogleich in das Chefbüro hineingeführt. Dort saß ein sehr junger Prokurist und telefonierte. Er bat uns, Platz zu nehmen. Auf dem Tisch lag eine Kollektion. Ich stürzte mich auf diese Waren und sah mir die Stücke an. Ich kam aus dem Mieder- und Dessousbereich, war also in meinem Element. Ich legte Sachen beiseite, von denen ich wußte und fühlte, daß ich mit diesen Stücken enorme Umsätze machen könnte. Da las ich die Preise, die auf den Etiketten standen und verstand die Welt nicht mehr. Das konnte man doch nicht so günstig verkaufen. Ich sortierte uninteressante und interessante Stücke.

Da meldete sich meine Oma: „Du, Johänken, der Mann telefoniert nicht, er tut nur so, er beobachtet dich sehr genau." Ich schielte zu ihm hinüber, und es schien mir wirklich, als würde er nur so in den Apparat sprechen.

„Das ist kein Anruf", meinte Oma weiter. „Das ist sein Spiel, seine Taktik. Er beobachtet dich sehr genau."

Ich sah wieder zu ihm hin, worauf der Prokurist den Hörer auflegte und sich vorstellte.

„Sie haben diese Kollektion ganz ordentlich durchgesiebt", sagte er.

„Ja, das sind Sachen", meinte ich, „die man verkaufen kann, die sind aktuell und interessant, vor allen Dingen stimmt das Preis-Leistungs-Verhältnis. Ich fragte mich nur, woher Sie die Ware beziehen und wie dieser Preis zustande kommt."

„Die Ware, die kommt . . .", lächelte er, „Sie brauchen es ja nicht weiterzusagen, sie kommt aus dem Fernen Osten."

Er zeigte mir eine Liste. „Jetzt schauen Sie sich doch bitte diese Liste an." Mich traf der Schlag. Auf der Liste standen genau die Teile, die ich aussortiert hatte. Alle Teile, die ich liegen gelassen hatte, waren in der Liste nicht aufgeführt.

Wir unterhielten uns eine Weile über Gott und die Welt, dann sagte er: „Herr Paulussen, wir möchten Sie gerne als unseren Verkaufsleiter Nord einstellen. Allerdings sehe ich ein Problem. Wir suchen einen Verkaufsleiter für Norddeutschland, sie wohnen jedoch hier in Bayern. Wir können Sie nur unter der Voraussetzung einstellen, daß Sie in den Norden ziehen."

Ich sah meine Frau an und sagte: „Herr Kümmerle, ich bin gebürtiger Münsteraner."

„Moment", sagte er, „wollen wir doch an die Wandkarte gehen und sehen, wo Münster ist." Er steckte eine Nadel in die Wandkarte wo Münster eingezeichnet war.

„Menschenskinder, das ist genau die Mitte des Nordens. Idealer könnte es gar nicht sein. Herr Paulussen, würden Sie wieder in Ihre Heimat zurückziehen? Wir übernehmen die Kosten."

Ich willigte ein. „Aber nicht sofort."

„Nein, nein", schüttelte er den Kopf, „Sie müssen nicht sofort nach Münster ziehen. Spätestens ab dem ersten Drittel 1986 sollten Sie in Münster wohnen. Bis dahin haben Sie Zeit, um sich in Münster etwas Vernünftiges zu suchen. Ich möchte Sie gerne zum 1.9.1985 einstellen. Von meiner Seite aus sind Sie eingestellt. Ich brauche nur noch die Absegnung unserer Direktion aus Wolkersdorf bei Wien. Betrachten Sie sich aber ab jetzt als unseren neuen Verkaufsleiter Nord."

Im Auto auf dem Heimweg sagte meine Frau: „Es ist kaum zu glauben. Es ist unbegreiflich. Wird es jetzt tatsächlich so kommen, wie man es dir gesagt hat?" Wir diskutierten noch sehr lange über alles.

Als wir in Hohenreichen ankamen, lag eine postalische Nachricht vom Arbeitsgericht in Düsseldorf vor. In der kommenden Woche sollte eine mündliche Anhörung stattfinden. Der Kreis der Durchsage, die meine Zukunft betrat, fing an, sich langsam zu schließen.

Bei der Gerichtsverhandlung in Düsseldorf erzielte ich mit der Firma MILO-Sport eine rasche Einigung zu meinen Gunsten. Ich hatte noch bis zum 31. August 1985 Gehaltszahlungen zu bekommen, danach würde ich bei dieser Firma nicht mehr beschäftigt sein.

Bis Ende August erholte ich mich sehr gut, meine Schmerzen ließen nach.

In der Zwischenzeit erhielt ich dann auch die Zusage der Geschäftsdirektion aus Wolkersdorf bei Wien. Jetzt war zu klären, wo ich in Münster wohnen sollte. Meine Familie blieb einstweilen noch in Bayern. Eine Zeitlang wollte ich montags von Hohenreichen nach Münster fahren und Freitag mittag wieder zurückkehren. Ich rief meine Mutter an und teilte ihr mit, daß ich wieder nach Münster käme. Sie bot mir an, in der Zwischenzeit bei ihr zu wohnen. Ich vereinbarte mit meiner Mutter einen Betrag für die Unterbringung und die Teilverpflegung.

Ich bezog das kleine Wohnzimmer von etwa 15 Quadratmetern bei meiner Mutter und schlief auf der Couch, auf der mein Vater verstorben war. In der ersten Nacht, die ich in diesem Zimmer verbrachte, kam mein Vater, stand mir direkt gegenüber und sagte: „Na, Petek, jetzt hat alles seinen Lauf genommen. Es wird alles so kommen, wie wir es dir gesagt haben. Aber überstürze nichts mit der Wohnungssuche. Laß dir Zeit, wir werden dir dabei helfen, werden dir die richtige Wohnung schon zuspielen."

Ich fühlte mich in diesem Zimmer rundum wohl, und auch die Arbeit machte mir viel Spaß. Ich war endlich wieder in meinem Metier, Bereich Dessous-Miederwaren, und vor allen Dingen war ich in meiner alten Heimat. Die Wochenenden verbrachte ich bei meiner Familie in Hohenreichen.

Es kam der Zeitpunkt, wo sich die Vorhersage der Wohnungslösung einstellen sollte. Meine Mutter wies mich im November 1985 auf eine Wohnung hin. „Du, ich habe eine Wohnung für dich. Wir müssen aber gemeinsam zur Wohnungsgesellschaft fahren."

Ich fuhr mit meiner Mutter hin. Dort teilte man uns mit, daß ab dem 1. Januar 1986 eine Wohnung frei wäre. Ich sollte die Wohnung aber zuerst besichtigen.

Ich rief abends meine Frau an und erzählte ihr von der Wohnung. Da sagte sie: „Du, ich hatte einen eigenartigen Traum. Ich träumte von einer Wohnung mit fünf Räumen. In dieser Wohnung war noch viel aufzuarbeiten. So klebten an den Wänden vier Tapeten übereinander."

Am folgenden Montag fuhren wir gemeinsam nach Münster. Als wir in die Wohnung kamen, sagte meine Frau: „Das ist die Wohnung, die ich gesehen habe. Das ist die Wohnung, die mir im Traum gezeigt wurde." Die Wohnung sagte uns auf Anhieb zu.

Bei der Renovierung erwartete uns eine große Überraschung. Als wir begannen, die Tapeten von den Wänden zu lösen, staunten wir nicht schlecht, als wir in jedem Raum vier übereinandergeklebte Tapeten entdeckten. Wir hatten daher viel zu tun, so daß wir sogar am 1. und 2. Weihnachtstag arbeiten mußten.

Der Einlebungsprozeß meiner Familie, vor allen Dingen meiner Kinder, ging sehr zügig voran, und wir verlebten eine schöne, ruhige Zeit. Durch meinen Kontakt zu den Jenseitigen, der kaum mehr zu verheimlichen war, kamen ab Juni 1986 die ersten Leute zu mir und baten um Hilfe, die ich ihnen auch gerne gewährte.

Beruflich hatte ich schwere Aufbauarbeit zu leisten, bei der ich mich voll engagierte. Mein Arbeitgeber war mit mir zufrieden.«

Wußten die Leute in Bayern etwas über Ihre Fähigkeit?

»Ich hatte das an und für sich in Bayern sehr selten zum Ausdruck gebracht. Es gibt z. B. in Bayern, in Rhein am Lech, den Pfarrer Dr. Rudolf, und in Augsburg die Frau Moorenweiser. Das waren die

Leute, mit denen ich Kontakt pflegte, die also darüber Bescheid wußten. Ich habe im Kreise meiner Kollegen verhältnismäßig wenig darüber gesprochen. Es wurde seinerzeit noch immer als Spinnerei und Gott weiß was abgetan.«

Kann man das eigentlich geheimhalten?

»Nein. Immer kann man das nicht, das ist nicht möglich.«

Kapitel 5

Donnerstag, 22. Juni 1989.

Es heißt früher aufstehen. Paulussen und Kage haben ab 10 Uhr Heilungen geplant.

Ich weiß nicht, was ich von dieser Ankündigung halten soll. So frühstücke ich und warte ab. Um halb zehn Uhr kommt Manfred Kage, ein sehr symphatischer Mann. Seine Art ist sehr offen und herzlich, er lacht, erzählt von seiner Reise hierher. Ihn begleitet eine Freundin namens Charlotte.

Kurz vor zehn Uhr läutet Beate, ein junges attraktives Mädchen, der man keine Krankheit ansieht. Und doch hat sie, wie eine erste 'Diagnose' zeigt, Probleme mit dem Magen und seelische Probleme.

Wir gehen in das Arbeitszimmer Paulussens, meine Schlafstätte wird zu einem Behandlungsbett umfunktioniert. Paulussen lehnt sich in einen Stuhl zurück und fällt in Trance.

Nach einer Weile sagt er sehr leise zu Kage: »Schalom, Manfred, hier ist Gustav Nußbaum.«

Kage: »Schalom, Gustav.«

Im folgenden spricht Kage Paulussen nicht mehr als Hans-Peter, sondern als Gustav Nußbaum an.

Beate wird aufgefordert, sich bis auf das Unterhemd auszuziehen. Kage beginnt ihren Rücken abzutasten. Seine Griffe scheinen sehr körperlich, alles durchdringend und erfassend zu sein. Dann fixiert Kage seine Fingerspitzen in einer merkwürdigen Haltung auf einen Punkt des Rückens.

»Beate, was spürst du jetzt?«

»Ich bin . . .«

»Wie empfindest du die Hände von Manfred auf deinem Rücken?«

»Konzentriere dich auf die Spitzen der Finger«, meint Kage.

»Hm, Wärme.«

»Ist es eine angenehme Wärme?«, fragt Paulussen.

»Hm.«

»Eine befreiende Wärme?«

»Ja.«

»Es geschieht jetzt etwas mit dir«, so Paulussen, »was du dir nie erklären kannst, was für dich unbegreiflich sein wird. Alles was bis jetzt in einer Unordnung war, wird jetzt von uns in eine Ordnung hineingebracht. – Es müßte sich jetzt bei dir, Beate, durch die Fingerspitzen von Manfred ein leichtes Kribbeln, wie Millionen von Nadeln, bemerkbar machen.«

Kage ordnet an: »Nimm bitte die Hände nach oben. Atme tief, tiefer und tiefer«, und flüstert: »Jetzt geht es richtig los.«

Diese Worte werden richtig herausgepreßt. Kage atmet sehr tief, schüttelt vor Anstrengung den ganzen Körper.

»Energie«, so erklärt er mir, »fließt vom Jenseits durch mich hindurch.«

»Lieber Freund, schau dir jetzt diese Fingerstellung an«, sagt ein Jenseitiger durch Paulussen zu Kage. Mit seiner rechten Hand bildet er auf seinem Oberschenkel eine Art Pyramidenstellung.

»Ich habe sie gespeichert«, meint Kage ohne aufzusehen.

»Hast du dir die Fingerstellung angesehen«, wiederholt Paulussen.

Kage sieht auf. »Ah, pardon«, sagt er. Mit seinen Fingern hatte er eine andere Stellung gebildet gehabt.

Doch woher, frage ich mich, weiß Paulussen, daß die Fingerstellung falsch war? Paulussen war in Trance und hatte seine Augen geschlossen. Gab es also doch einen Jenseitigen, der ihm diese Information gab? War hier wirklich nur mehr die Hülle Paulussens anwesend? Sprach Kage mit einem Jenseitigen?

»Konzentriere dich vor allen Dingen auf den Daumen«, spricht Paulussen weiter, »der den Eingang zum Magen berührt. Konzentriere dich bitte auf den Zeigefinger. Dieser Zeigefinger berührt den Magenbereich. Wir werden jetzt die Magenschleimhäute bei Beate wieder in einen hundertprozentigen Zustand bringen, werden die Vernarbungen, die sich in den Magenwänden und vor allem auch in der Magenschleimhaut befinden, verschweißen.«

»Ist die Stellung so richtig, Gustav?«

»Ja. Aber deine Konzentration muß sich auf den Daumen und den Zeigefinger fixieren.«

»Okay, mache ich jetzt, habe ich . . .«

»Es beginnt jetzt die Verschweißung der Vernarbungen und die Regeneration der Magenschleimhäute sowie der Magenwände.

Auch werden wir den Mageneingang sowie den Magenausgang säubern.«

»Hm, hm«, stöhnt Kage, der sich sehr hineinsteigert.

»Im Magenausgang ist eine leichte Verengung, die wir jetzt erweitern.«

»Hm. Ist dort ein beginnendes Ulkusgeschwür?«

»Beate hat, wir möchten sie nicht schocken, sieben kleine linsengroße Magengeschwüre.«

»Aha, ich habe die nämlich im Griff, spüre sie.«

»Es wird alles verätzt, alles vernichtet.«

»Aha.«

»Es kehrt Ruhe, Ordnung und ein Gleichgewicht wieder ein. Wir werden auch die überschüssige Gallensubstanz, die sich derzeit im Magenbereich befindet, in den Darm umleiten, damit sie ausgeschieden werden kann. Wir möchten Beate bitten, den Kaffeegenuß einzuschränken, was für sie sehr wichtig ist. Sie soll in Zukunft nur noch Kaffee trinken, der hundertprozentig entkoffeinisiert ist. Ihr Kaffeegenuß hat in der Vergangenheit überdimensionale Maße angenommen, der schädigte den Magen und den Darm.«

Während der Heilung rufe ich mir ins Gedächtnis, was Paulussen über Kage bereits erzählt hat: *Wer ist Manfred Kage?*

»Man kann ihn als Historiker bezeichnen, aber für ihn passen viele Berufsbezeichnungen. Er ist unter den Esoterikern eine Persönlichkeit. Er forscht sehr viel, geht zahlreichen Dingen nach.

Morgen sind es vierzehn Tage her, daß ich bei ihm auf Schloß Weißenstein war. Es sind dort die eigenartigsten Dinge passiert. Kage hat alles auf Video aufgenommen. Den ganzen Tag lief seine Videokamera.«

Was ist auf Schloß Weißenstein passiert?

»Es sind Heilungen vorgenommen worden, die man sich nicht erklären kann. Man hat nur mit Kraft und Energie Risse in einer Hüftschale verschweißt. Leute, die nicht gehen konnten oder nur schwer gehen konnten, waren danach in der Lage, ohne Krücken zu marschieren, sich wieder zu bücken. Es wurden ohne einen Arzt Wirbel eingerenkt ...«

Wer hat das vollbracht?, frage ich Paulussen.

»Das ist von oben gemacht worden«, antwortet er.

Durch wen?

»Ich war in einer Teiltrance und bekam von oben für Manfred die Anweisungen zur Behandlung. Wie er die Hände halten soll, was er machen soll, alles wurde durchgegeben. Ich habe sämtliche Behandlungsmethoden, wie z. B. Fingerstellungen, an meinem Oberschenkel gezeigt. Bei der Einrenkung von Wirbeln hat Manfred seine Hand auf die bewußte Stelle gelegt, und ich habe vom Oberschenkel aus eingerenkt. Das sind Sachen, die man sich schlecht vorstellen kann. Eine Frau, die den Kopf nicht mehr bewegen konnte, hat anschließend mit dem Kopf leicht hin und her gewackelt.«

Und Ihnen ist nicht geholfen worden?

»Nein. Ich bin nicht dafür da, um mir zu helfen. Ich kann nur anderen helfen. Ich bin nicht wichtig. Ich bin nur ein ausführendes Organ, das seine Aufgabe hat.«

Ich habe Gelegenheit, einen älteren Herrn, der auch auf Schloß Weißenstein gewesen ist, zu befragen. Er ist sehr freundlich. *Wer hat nach Schloß Weißenstein eingeladen?*, frage ich.

»Herr Kage hat eingeladen, weil Dr. Paulussen da war.«

»Ich bin kein Doktor«, entgegnet Paulussen.

»Stimmt, Herr Paulussen war da. Ich sage immer Doktor, weil er wie ein Doktor gewirkt hat.

Als erstes war Frau Binder dran, sie hatte ein schweres Bandscheibenleiden. Paulussen saß ihr in seinem Rollstuhl gegenüber. Hinter Frau Binder nahm Manfred Kage Platz. Kage hat nun durch die Führung von Paulussen die Finger an der Wirbelsäule entlanggeführt und gewisse Punkte angegeben, wo er gerade ist und was er hier fühlt, wo er weitergehen muß, höher oder tiefer, um wieder einen Punkt zu finden, der auffallend war.«

Konnte Paulussen sehen, was Manfred Kage tat?

»Nein. Zum einen war er in einer Trance, zum anderen konnte er nicht sehen, wie Kage mit den Fingern am Rücken bzw. an der Bandscheibe entlangfuhr, weil die Frau dazwischen saß. Mit geschlossenen Augen wies er an: „So, du bist jetzt am dritten, vierten Wirbel, was fühlst du da?"

Kage antwortete: „Hier ist eine kleine Erhebung."

„Ja. Was fühlst du noch? Ist die Stelle eingedrückt oder erhebt sie sich?"

So hat Paulussen Kages Hand dirigiert. Merkwürdig war, daß Paulussen immer wußte, was Kage tat, wo er mit seiner Hand war, was er gerade fühlte. Und das, obwohl die Augen geschlossen waren.«

Auf diese Art und Weise ist was passiert?

»"Spüren Sie etwas?", wurde Frau Binder gefragt. „Ist eine gewisse Wärme da?"

Es hat eine Zeitlang gedauert, dann sagte sie: „Ja, Wärme. Es ist heiß."

Paulussen wies Kage an: „Und jetzt nimm die drei Finger, bilde den Pyramidengriff und greife vier Zentimeter höher. Was fühlst du da?"

Kage befolgte alles rein mechanisch, er drückte entweder drauf oder tippte den Punkt nur an. Paulussen wußte, was an dieser und jener Stelle vorging, z. B. daß durch eine Nervenberührung ein geschwollener Knorpel die Schmerzen verursacht.

Dann sprach Paulussen: „Jetzt denken Sie einmal an etwas Schönes." In dem Moment drückte Kage wieder mit seinen Fingern, abwechselnd mit einem, mit zwei, oder meistens im Pyramidengriff, auf die Bandscheibe.

„Denken Sie an etwas Schönes. Bleiben Sie in Gedanken da. Jetzt gehen wir einen Berg hoch zur Sonne hin. Ein wunderschöner Tag. Ein wunderbarer Weg. Es ist ganz herrlich hier oben . . .“

Und zugleich drückte mit gewaltiger Anstrengung Kage die Punkte, die für die Heilung wichtig waren.

So ging es eine Zeitlang. Laufend war Paulussen in Versenkung und hat wieder Hinweise gegeben. Einmal gab es eine Pause.

Da sagte Kage zu Paulussen: „Gustav, jetzt sag einmal etwas. Was soll ich denn hier tun?", fragte er. Und dann, nach einer Pause, sprach Paulussen weiter und beantwortete die Fragen. Der Geist sprach also durch Paulussen, benutzte seinen Körper vielleicht als eine Art Sprachrohr.«

Also hat Kage nicht Paulussen angesprochen?

»Nein. Ich habe gedacht, was ist jetzt? Und auf einmal kam mir in den Sinn: Ja, das ist er jetzt, unser Heiler, drüben im Jenseits, der durch Paulussen wirkt. Die Anordnungen kamen von dem Geist, einem geistigen Arzt.«

Hat er Ihnen auch geholfen, haben Sie auch ein gesundheitliches Problem?

»Auf Schloß Weißenstein nicht. Paulussen hat mich gleich darauf hingewiesen, daß es das beste wäre, vier Tage hierher zu Dr. Hochenegg zu fahren, der könne mir helfen, meine Augen und die Prostata zu heilen. Die Heilung wird eine Zeit brauchen.«

Auf Schloß Weißenstein wurde drei Menschen geholfen?

»Ja, drei Menschen. − Zurück zu der Frau. Nach ihrer Behandlung ordnete Paulussen an: „Jetzt bewegen Sie sich bitte.“

Nach ein paar Übungen konnte sie sich wieder frei bewegen, sie fühlte sich wie neugeboren.

Dann fragte Kage: „Ist sonst noch etwas?“

„Ja. Ich kann nicht richtig durchatmen und nicht richtig schlukken, habe so eine Hemmnis hier in der Brust und auch hier oben, am Hals“, sagte sie.

Daraufhin hat Paulussen an die Stelle hingefühlt. Dann sagte er zu Kage: „Ja, da ist etwas. Das machen wir jedoch hier nicht. Gehen Sie zu einem Hals-Nasen-Ohren-Arzt. Es ist nur eine kleine Sache. Das macht er wahrscheinlich mit dem Laserstrahl weg. Aber gehen Sie hin. Aber hier oben, da ist noch ein Knoten, der sie beim Atmen behindert, den arbeiten wir noch weg.“

Er wies Kage wieder an. „Drück den Knoten langsam nach oben. Von hier aus, von diesem Punkt. Drücke ihn über den Hals, über das Kinn, über die Lippe hinaus, schüttle ihn ab.“

Kage folgte den Anweisungen. Als sie nachher schluckte, sagte sie: "Ja, das ist viel besser. Aber etwas ist noch da.“

„Das ist nur die Hülle, aber der Punkt, der Inhalt, der ist weg. Das wird laufend besser. Die Hülle verschwindet mit der Zeit vollkommen“, antwortete Paulussen.

Das war die Behandlung an der ersten Frau. Die Heilung der zweiten Frau verlief ähnlich, sie hatte ebenfalls ein Bandscheibenleiden.«

War es das erste Mal, daß Sie so etwas miterlebt haben?

»Das erste Mal, ja.«

Was haben Sie sich dabei gedacht?

»Es war ganz wunderbar. Alle waren von diesem Erlebnis fasziniert. Nach den beiden Frauen wurde ein Mädchen im Rollstuhl hereingefahren. Ich schätze sie so um die dreizehn, vierzehn Jahre, aber sie war schon gut entwickelt, ein schönes Mädchen. Sie hatte Multiple Sklerose. Paulussen hat ihren Rollstuhl an seinen herangezogen, faßte sie an den unteren Gelenken beider Beine an. Da bewegte sich ihr Fuß. Er sagte zu dem Mädchen: „Ist das schön? Was machst du da?"

»Ja. Ach, schön."

Eine Zeitlang hielt er den Fuß in der Hand und ließ die Wärme und Kraft von ihm auf das Kind übergehen. Sie war in dem Moment sehr glücklich. Man hat ihr angemerkt, daß sie dachte: „Jetzt kommt Hilfe."

Wie die Behandlung des Mädchens im einzelnen weiterging, weiß ich nicht. Auf jeden Fall hat Paulussen später in Trance gesagt: Am soundsovielten Mai 1990 fühlst du dich viel besser. Du hast nicht mehr die starken Beschwerden wie eben."

Und Kage wiederholte: „Am 20. Mai 1990, da ist es viel besser. Das ist wirklich eine gute Nachricht."

Wir waren alle froh, das zu hören. An viele Einzelheiten dazwischen kann ich mich nicht mehr erinnern.

Dieses Datum war für uns ein Punkt, wo man sagte: Ja, das glaube ich. Ich glaube, daß weiterhin durch Behandlung und den Glauben daran auch eine Besserung eintreten wird. Das waren die drei Personen, bei deren Behandlung ich dabei war, und die mich so tief beeindruckt haben.«

Soweit die Erzählung des Mannes.

Beates Behandlung in Paulussens Wohnung wird nach eineinhalb Stunden beendet. Sie fühlt sich bedeutend besser. Ob dieser Zustand anhielt, konnte ich leider nicht überprüfen.

Später kommt ein Jugoslawe, der große Schmerzen in der Hüfte hat. Vor Jahren wurde ihm die Gelenkkugel wegoperiert. Eine Prothese bekam er nicht. So scheuert der spitze Knochen in der Hüftpfanne. Dieses Fehlen der Gelenkkugel macht sich auch in der Länge des Beines bemerkbar. Es ist um fünf Zentimeter verkürzt.

Die Behandlung beginnt. Paulussen fällt in Trance. Nach einer neuerlichen Begrüßung sagen die Jenseitigen, daß ein anderer verstorbener Spezialist, Dr. Hüffer, hinzugezogen werden soll.

»Diese Klinik, in der Dr. Hüffer arbeitete, besteht heute noch. In ihr werden künstliche Gelenke und künstliche Gliedmaßen produziert. Die Chirurgie der Klinik wurde 1985 aufgelöst. Sie wird jedoch in einem kleinen Rahmen ab 1990 weitergeführt werden. Prof. Dr. Hüffer machte aus seiner Hinterlassenschaft eine Stiftung. Diese Klinik trägt auch den Namen Hüffer-Stiftung. Wir werden dir, lieber Freund Manfred Kage, in vierzehn Tagen ein Buch über das Leben dieses Mannes zukommen lassen. Dies ist jetzt schon in die Wege geleitet.

Unser Freund Hüffer arbeitet sehr intensiv mit uns in dem Bereich Knochenregenerierung, Knochenbegradigung und Knochenaufbau zusammen. Hier muß ich dir sagen, und das ist die Aussage unseres Freundes Hüffer, daß bei dieser Operation an dem Patienten, der derzeitig von dir durch uns behandelt wird, sehr unsauber gearbeitet wurde. Es hätte von vornherein ein künstliches Gelenk, eine künstliche Kugel eingesetzt werden müssen. Hier fehlte es aber an Erfahrung und auch an dem nötigen Wissen, dem nötigen Können, sowie an dem Material.

Eine heutige Operation mit einem Neuaufbau eines Gelenkkopfes sowie mit einer Schale wäre nur ein vorübergehender Erfolg. Dieser Erfolg würde spätestens in drei Jahren zusammenbrechen, da diese Schale splittert. Es würden Entzündungen von großer Problematik auftreten, so daß dann eine Amputation oberhalb des Oberschenkel unumgänglich wäre. Wir werden von unserer Seite aus jedoch alles Erdenkliche daransetzen, daß eine derartige Amputation in der Zukunft nicht nötig sein wird.

Diese letzten Sätze sind eine Mitteilung von unserem Freund Dr. Hüffer. Nun, lieber Freund, konzentriere dich voll und ganz auf deine Aufgabe. Wir arbeiten gemeinsam im derzeitigen Dreierteam durch dich.«

Kage beginn mit dem Handauflegen und fragt: »Dr. Hüffer, ist diese Stellung richtig?«

»Wir sagen dir, wenn eine Korrektur erfolgen soll. Du merkst, es kostet dich selbst schon sehr viel Energien.«

»Das macht nichts«, sagt Kage angestrengt. Er schwitzt.

»Aber wir versprechen dir, wir werden dir die Energie wieder zuführen. Der Patient müßte jetzt schon spüren, daß sich in dem Bereich, wo jetzt die Behandlung stattfindet, etwas aufbaut. Es macht sich eine Wärme und ein Aufbauen bemerkbar. Wir möchten bitten, daß dieser Patient nach seinem Befinden gefragt wird.«

Der Jugoslawe spricht kein Deutsch. Charlotte übersetzt: »Nein, er fühlt nichts.«

Es ergibt sich ein Dialog zwischen Paulussen und Charlotte. Der Mann fühlt keine Wärme, irgend etwas scheint ihn zu blockieren.

»Er blockiert seine Gedanken, er ist von dem Erfolg dieser Behandlung nicht überzeugt. Er soll vollkommen frei sein.«

»He should think free. He shouldn't think about success or not«, sagt Charlotte zu dem Jugoslawen.

»He should be neutral.«

»Wir erwarten von ihm, daß er von seiner Seite aus mithilft. Mithelfen heißt, daß er vollkommen unbelastet und gedankenfrei ist.«

»He should be neutral in his thoughts and he should try to help.«

Paulussen weist Kage an, wie er beide Hände auflegen soll.

»Schau dir das bitte jetzt genau an, so über die Operationsstelle, genau dort, wo sich das Gelenk befindet, in den Hohlraum. Bilde mit dem Daumen eine Verbindung.«

»Wessen Hände sind das?«, fragt Kage, der glaubt, in seinen aufgelegten Händen die Hände eines Jenseitigen zu spüren.

»Von unserem Freund Hüffer. Laß ihn bitte arbeiten. Es wird versucht, daß sich auf dem Knochen eine Knorpelschicht bildet, aufgebaut wird. Knorpel hat die Eigenschaft, elastisch und weich zu sein. Seine Beinverkürzung, die bis jetzt fünf Zentimeter betrug, wird nach der Behandlung nur noch 2,8 Zentimeter betragen. Es werden 2,2 Zentimeter aufgehoben. Aufgehoben heißt regeneriert und neu hinzugekommen.«

Alles Gesagte wird dem Jugoslawen übersetzt.

Die Behandlung ist langwierig. Kage wirkt sehr angestrengt, es schüttelt seinen ganzen Körper.

»Er ist noch mit dem Aufbau der Knorpelschicht beschäftigt. Es dauert noch ein bißchen. Es muß auch eine Stabilität gewährleistet sein, diese Knorpelschicht darf nicht zerbrechen oder sich zerdrükken.«

Es folgt eine kurze Pause. Danach fällt Paulussen wieder in Trance und sagt: »Lieber Freund, die Pause tat dir gut, und wir werden jetzt die letzte Etappe dieser Behandlung vornehmen. Wir möchten auch diesen Patienten bitten, seine Angst und seine Nervosität abzulegen.«

»He wants him not to fear anymore.«

»Er hat immer mit dieser Nervosität und dieser Angst gelebt, aber sie ist Einbildung und hat keinen Bestand.«

»No nervosity. Because always, his whole life he was used to fear and to be nervous.«

»Angst und Nervosität haben keinen Bestand mehr. Sie haben keinen Besitz mehr von ihm.«

»It goes away. It has no more possession of you. It goes away.«

»Gustav, was geht jetzt vor?«, fragt Kage.

»Mein lieber Freund, wenn du dich jetzt darauf konzentrierst, dann wirst du spüren, was sich abspielt. Es werden die restlichen Entzündungsfelder aufgehoben und eine Festigung der Gallertmasse herbeigeführt. Du mußt dir das vorstellen, als wenn um einen runden Schwamm ein fester Mantel gezogen wird, der aber seine Elastizität beibehält. – Es ist jetzt in Ordnung. Wir möchten dich bitten, daß der Patient noch zwei, drei Minuten vollkommen ruhig liegenbleibt. Dann soll er vorsichtig aufstehen und ruhig das rechte Bein etwas belasten. Es wird und darf keinen Schmerz geben. Sollte er noch Schmerzen haben, sind die nicht von Bestand. Der Schmerz ist nur noch eine rege Phantasie. Ich danke. Schalom, mein Freund.«

Damit ist die Behandlung abgeschlossen. Kage ist müde und ausgelaugt. Paulussen findet sehr schwer in die Realität zurück. Als der Jugoslawe aufsteht, empfindet er keinen Schmerz mehr. Auch paßt ihm der orthopädische Schuh, der um fünf Zentimeter aufgedoppelt war, nicht mehr. Der Mann sackt auf der anderen Seite hinunter. Das Bein scheint tatsächlich länger geworden zu sein.

In der Küche treffe ich Frau Paulussen. Ich frage sie, was sie von diesen Heilungen hält.

»Nun, ich habe mir das angesehen. Es ist natürlich so, daß ich, wie gesagt, das anders beurteile. Ich war jetzt sehr häufig mit in Hall. Meine Meinung ist, daß, wenn jemand todkrank ist, ihm niemand helfen kann, weder Gebete noch sonst irgend etwas. Und dann nützt es auch nichts, wenn mein Mann mit den Leuten spricht. Gut, er muntert sie auf, aber mehr vermag er nicht. Wenn jemand gesund wird, halte ich das nicht für ein Wunder, bei dem Jenseitige mitgeholfen haben. Ich sehe die Dinge einfach anders.«

Wenn so wie in Hall plötzlich mehrere Menschen gesund werden und Sie das nicht für ein Wunder halten, was passiert, Ihrer Meinung nach, dort?

»Ich kann nur von Dingen ausgehen, von denen ich weiß. Das Bein beispielsweise, das länger geworden sein soll, das habe ich nicht gesehen, und so weiß ich jetzt nicht, wie das funktioniert hat. Auch weiß man nicht, ob es nach ein paar Tagen nicht wieder wie vorher war. Das kann ich nicht beurteilen.

Aber wenn jetzt jemand erzählt: Ich habe Krebs gehabt und wäre ohne Hilfe aus dem Jenseits gestorben, dann ist das für mich gut und daher völlig in Ordnung. Aus meiner Sicht hat, wenn er in ärztlicher Behandlung war, der Arzt mitgeholfen. Natürlich im positiven Sinne auch der liebe Gott, aber wenn der Arzt nicht gewesen wäre, hätten auch die Jenseitigen nichts machen können.«

Kommen Sie nicht oft in einen Gewissenskonflikt?

»Nein, da komme ich nicht rein. Es ist jedermanns Sache, was er glaubt, wie er die Dinge sieht. Natürlich gibt es Dinge, die wir nicht verstehen. Das weiß ich, weil ich selbst andere Erfahrungen gemacht habe. Es trafen auch schon Sachen ein, die ich mir nicht erklären konnte. Aber jeder kann das nur aus seiner Sicht beurteilen.

Ich sage also nicht, daß es so etwas nicht gibt. Aber ich bin nicht der Typ, der sich hineinsteigert. Nicht wie andere, die alles von oben für heilig halten. Wenn ich die Wahl habe, einen Rat von oben oder meinen eigenen Rat zu befolgen, würde ich immer meinen Rat befolgen, weil jeder für sich selbst verantwortlich ist. Ich würde, sollte ich den Rat der Jenseitigen befolgt haben und es war eine falsche Entscheidung, die Verantwortung auf jemand anderes schieben und sagen: Na ja, dann hat sich eben die Großmutter geirrt. Im anderen Fall habe ich selbst mich geirrt.

Wenn ich von einem Dritten etwas Falsches weitergebe, dann sage ich nicht: „Der Dritte hat mich so informiert." Ich habe dann das Falsche weitergegeben, weil ich es nicht überprüft habe.«

Kapitel 6

Für den Nachmittag hat sich Ursula Drieshen angekündigt. Paulussen bereitet mich auf diesen Besuch vor, indem er mir erzählt, wie er sie kennengelernt hat.

»Ich verbrachte den Jahreswechsel 1986/87 mit meiner Familie voll Harmonie. Es war das erste gemeinsame Weihnachtsfest in der Wohnung in Münster. Wir haben das auch anständig begossen.

Im Jahre 1987 sollte sich, wie von der jenseitigen Welt angekündigt, bei mir vieles verändern. Es war im Frühjahr 1987, als ich von einer Gruppe aus Mönchengladbach eingeladen wurde. Eine Tonbandstimmenforschergruppe unter der Leitung von Herrn August Hiesinger und seiner Frau Irene lud mich zu einem Vortrag. Man hatte von mir gehört, da 1986 einige Leute bei mir waren, die Hilfe brauchten. Ich nahm diese Einladung sehr gerne an.

Bei diesem Vortrag sollte ich Menschen kennenlernen, die sich mit der Tonbandstimmenforschung und der Transkommunikation zur jenseitigen Welt sehr intensiv beschäftigen. Ich sollte aber auch Menschen kennenlernen, die in Nöten waren und die Hilfe brauchten. Unter anderem war dort eine Frau Uebrick, die sehr große Probleme mit ihrer Tochter hatte. Ich versprach ihr, zu helfen. Dazu sollte sie es irgendwie ermöglichen, daß ich mit der Tochter sprechen könnte. Diese Möglichkeit wurde mir gegeben. Und ich besuchte dann Familie Uebrick in ihrer Wohnung in Kaarst. Dort saß ich einer fast neunzehnjährigen bildhübschen jungen Dame gegenüber. Ich schaute dieses Mädchen an und sagte: „Sie haben Rauschgift in Ihrer Handtasche. Soll ich es Ihnen herausholen?"

„Nein", sagte sie, „das brauchen Sie nicht. Es stimmt, ich habe Haschisch in meiner Handtasche. Ich rauche Haschisch."

Dann beschrieb ich ihren Freundeskreis, ihren Umgang, beschrieb, wie ihr Freund aussieht und daß er einen schlechen Einfluß auf sie ausübt. Und ich sagte ihr auch klar und deutlich, daß es so nicht weitergehen könnte, daß sie sich gewaltig ändern müßte, sonst würde auch sie auf die schiefe Bahn geraten. Wir verabschiedeten uns, und ich versprach ihr, jederzeit zu helfen, wenn sie Hilfe benötigte. Ich sagte auch ihrer Mutter, wenn irgend etwas sei, könne sie sich bei mir melden, ich würde ihr helfen.«

Dann lese ich den Brief, den mir Ursula Drieshen auf meine Anfrage hin zugesandt hatte.

»Sehr geehrter Herr Huainigg!

Ihren Brief habe ich mit bestem Dank erhalten und bin gerne bereit, über meine Erlebnisse mit Herrn Paulussen zu berichten.

Meine Tochter hatte damals zwei Stunden Mittagspause, und so konnte ich sie überlisten, so daß sie bei mir war, als Paulussen mich aufsuchte. Die beiden zogen sich ins Wohnzimmer zurück und sprachen miteinander, während ich in der Küche einige Sätze mithören konnte. Paulussen sagte meiner Tochter, daß ihr Freund schon Diebstähle begangen habe und nicht mehr zu retten sei. Sie, Iris, sollte von ihm lassen, um nicht mit ihm unterzugehen.

Paulussen trat aus seinem Körper heraus und beschrieb meiner Tochter, wo sie in Kaarst wohnt.

„Ich sehe große Räume, das Haus hat große Scheiben. Ich sehe eine kleine Wohnung, dort liegt ein Mann im Unterhemd auf dem Bett. Du hast alte Möbel."

Dies alles konnte Paulussen nicht wissen, da ich keine Angaben gemacht hatte. Alles stimmte.

Zu diesem Zeitpunkt war Iris noch nicht bereit, sich von ihrem Freund zu lösen. Erst im Sommer 1988 lernte sie in Kiel in der Fachschule, als sie ihre Prüfung machte, einen anderen jungen Mann kennen. Da trennte sie sich von ihrem bisherigen Freund. Da ihr neuer Freund aber aus Kiel war und der Weg dorthin doch ziemlich weit ist, ging diese Beziehung von seiten Iris' wieder auseinander.

Nun ist sie erneut in der Clique und hat wieder so einen Penner als Freund, der nicht arbeitet und hascht. Heute sieht sie es zwar ein, daß sie andere Freunde haben muß, aber das wird sicherlich noch einige Zeit dauern.

Im August geht Iris in eine Collegeschule und will dort ihr Fachabitur in Sport und Biologie machen. Es ist ein Versuchsfach der Schule. Noch arbeitet sie als Fotokauffrau in Neuss. Seit einiger Zeit raucht sie nicht mehr, und ich denke, daß sie auch kein Hasch mehr nimmt.

Herr Paulussen sagte mir später, daß er mit seiner Großmutter Gertrud Kontakt aufgenommen habe und sie ihm sagte, daß Iris noch einige Zeit brauche, um aus allem herauszukommen, aber sie wird seelisch angeschlagen sein. Und das stimmt. Iris ist sehr labil und weiß noch nicht so recht, was sie will. Beruflich wie auch privat.«

Bald sitze ich Ursula Drieshen gegenüber. Sie ist nervös und aufgekratzt. Sie redet sehr viel und versucht sich dabei selbst an Schnelligkeit zu übertreffen. Vor ihr auf dem Tisch liegen einige Zettel mit Paulussens Vorhersagen.

»Am 8.10.88 hat Peter mir gesagt, daß sich meine Tochter Sybille von meiner Mutter lossagen wird. Und das hat sie im November 88 getan, sie hat sich von meiner Mutter losgesagt.«

Haben Sie nicht irgendwo eingegriffen?

»Konnte ich nicht. Bei meiner Tochter kann ich nicht eingreifen. Wenn es Peter nicht gäbe, hätte ich überhaupt keine Beziehung zu ihr. Inzwischen ist meine Tochter 23, und wir werden sehen. Peter sagt, unser Verhältnis wird wieder inniger.

Am 6.8.1988 hat Peter mir gesagt, daß ich dem Mann, mit dem ich jetzt zusammenlebe, sehr weh tue. Das tat ich wirklich auf der Rückreise von Hawaii, obwohl ich es nicht wollte.

Damals hat Peter auch gesagt, daß mir meine Familie die Steuerfahndung auf den Hals hetzen würde, die jetzt am 19.1. wirklich kam. Es geht um den Bilanzposten meiner Mutter, über den es mit ihr eine Absprache gibt.

Die Anklage lautet im Moment auf 2,8 Millionen Mark Steuerhinterziehung, doch wird es für mich, wie gesagt, gut ausgehen. Peter hat mir versichert, daß der Schuß für die Anstifter nach hinten losgeht.

Peter hat mich im letzten Jahr immer wieder gewarnt, daß mein Auto manipuliert sei, ich sollte bitte vorsichtig sein. Hier, schauen Sie, das schrieb er: „Fahrzeug manipuliert, vorsichtig fahren." Das war am 13.8.87.

Peter sagte mir auch, und das hat sich bestätigt, daß zu Ostern 1987 mein Exfreund meiner Tochter folgenden Vorschlag unterbreitet hat: Mich verunglücken zu lassen und dann die Versicherungssumme, die in meinem Todesfalle ausgezahlt wird, zu kassieren. Da er Versicherungsagent ist und diese Abschlüsse selbst getätigt hat, sah er für sich eine Möglichkeit, zu Geld zu kommen. Meine Tochter hat allerdings abgelehnt, dabei mitzumachen.

Ich wußte davon nichts. Meine Tochter hat mir erst in späteren Gesprächen bestätigt, was Peter gesagt hatte. Ich persönlich hätte das niemals für möglich gehalten.

Am 13.8.87 sagte er mir, daß ich eine Bürgschaft übernehmen werden, was ich dann Mitte 1988 für eine Frau, die hier ein Kindergeschäft hat, tat. Das konnte er zur damaligen Zeit noch nicht wissen.

Am 19.8.1987 gab es in meinem Geschäft einen Überfall. In der Mittagszeit wurde die Eingangstüre geknackt, doch zu Geld kam niemand. Schon am 13.8.87 hatte Peter von einem Überfall gesprochen, über den Warendorf lacht. Der Einbrecher war der Freund einer früheren Angestellten. Bei dem Einbruchsversuch eine Woche später ging die Alarmanlage los. Der Mann hatte nur für ein Schloß den Schlüssel, aber nicht für das zweite. Er wäre also ohnehin nicht weit gekommen.«

Peinlich für den Einbrecher.

»Und dabei war er Polizist. Am 14.6.87 hat Peter gesagt, daß ich zu Weihnachten eine Reise machen werde, was damals nicht abzusehen war. Er sagte auch, daß der Grund dafür eine Krankheit sein wird. Ich wurde tatsächlich krank und habe daher eine Reise auf die Bahamas gemacht, wodurch ich nicht operiert werden mußte. Das hat er mir Ende März 1987, als ich das erste Mal hier war, gleich gesagt: „Du wirst sehr krank werden, brauchst aber nicht operiert zu werden.“

Daran habe ich auch felsenfest geglaubt. Vielleicht habe ich es dadurch überstanden.«

Außer Paulussen hat Ihnen niemand geholfen?

»Nein. Keiner außer ihm hat mir geholfen. Sein Rat war für mich immer sehr wichtig. Ich habe stets an das geglaubt, was er mir gesagt hat. Von etwas anderem hat mich auch keiner überzeugen können. Sonst säße ich wegen dieser laufenden Anklage mit der Steuerfahndung auch nicht so gelassen da, glauben sie mir.«

Was glauben Sie, was passiert wäre, wenn Paulussen nicht gewesen wäre?

»Ich wäre nicht mehr hier, hätte mir das Leben genommen. Aber ich komme durch. Eben weil bisher alles eingetroffen ist, was er mir gesagt hat. Warum sollte es diesmal anders sein? Wissen Sie, wenn man sieben Monate lang keine Minute ohne Schmerzen ist und dann noch Mitarbeiter hat, die, von diesem Exfreund aufgestachelt, gegen mich arbeiten, gibt man normalerweise auf. Doch Peter hat mir gesagt: „Du bekommst eine Frau mit ganz wachen Augen in dein Geschäft. Und die kam am Donnerstag den 11.5. Ab 1.6 ist sie jetzt fest eingestellt, und sie wird mir auch, das bahnt sich an, hat Peter mir gesagt, eine Kosmetikerin bringen, die so gut ist wie ich.«

Wie oft kommen Sie zu Peter?

»Im Moment habe ich große Probleme. Und da rufe ich ihn auch häufig an. Einfach, wissen Sie, wenn man grübelt und einen dabei die Angst überkommt.«

Ich bedanke mich für das Gespräch. Später spreche ich mit Paulussen darüber.

Frau Drieshen haben Sie vorwiegend materielle Sachen vorausgesagt. Man bekommt also auch darüber Auskünfte von oben?

»Ja, in dem Fall der Frau Drieshen schon. Das Geschäft ist ihr Lebenswerk. Es geht um den Verlust ihres Lebenswerkes, wofür sie nichts kann. Man hatte vor, sie systematisch zu vernichten und will sie jetzt mit Vorsatz in den Konkurs treiben.«

Wie ist das Gefühl, wenn Sie z. B. mit jemandem sprechen, der knapp vor dem Selbstmord steht? Fließt dabei auch so etwas wie Energie auf ihn über? Was passiert dabei genau?

»Was passiert bei einem Gespräch mit einem Selbstmordkandidaten? Es passiert, daß die Energie, die ich in mir habe, auf den verzweifelten Menschen übergeht, damit er vorerst einmal unbelastet und frei von Ängsten wird.«

Gehen Sie auch in seinen Körper?

»Ja, ich gehe einfach in die betreffende Person hinein, identifiziere mich in dem Moment mit der Person. Das ist gut so, damit ich auf die Psyche dieses Menschen eingehen und mit der Psyche arbeiten kann.«

Kann man jemanden mit geistiger Energie aufladen? Nicht nur rein körperlich, sondern geistig?

»Ja, doch, kann man. Man kann das Negative in das Positive umleiten. Dann spürt die Person ein Gefühl des Freiwerdens. Nach Gesprächen mit sehr verzweifelten Menschen, die sich das Leben nehmen wollen, wird immer wieder gesagt: Warum habe ich eigentlich die Idee gehabt, mich umzubringen? Warum eigentlich? Ich bin doch dumm! – Der Wunsch des Selbstmordes ist dann nicht mehr vorhanden.«

Bekommen Sie nachher die gespendete Energie wieder zurück?

»Die bekomme ich relativ schnell von oben wieder. Oft bin ich zwar sehr ausgelaugt, bekomme aber in einem schnellen Zeitsprung die Energie wieder, damit ich wieder rasch klar denken kann.«

Ist Ihre Kraft so ähnlich wie die von Dr. Hochenegg?

»Ich glaube, meine Energie steht höher als jene von Dr. Hochenegg. Das ist eine Kraft, mit der ich leidenden Menschen, die ich etwa an Wallfahrtsorten treffe, helfen kann. Indem ich einfach auf sie zugehe und mit ihnen spreche.

Danach sagen viele: „Was passiert hier? Was ist hier geschehen? Ich fühle mich bedeutend besser."

Und ich weiß nicht, ob ich das gemacht habe oder was es sonst bewirkt hat. Das ist das Eigenartige. Das ist auch so, wenn Menschen zu mir kommen, die am Boden sind, die wirklich mit dem Leben hadern, die kurz vor dem Selbstmord stehen. Und ich spreche mit denen, eine halbe Stunde, eine Stunde, zwei Stunden. In manchen Situationen auch die ganze Nacht.«

Kapitel 7

Am Nachmittag sitzen wir wieder im Wohnzimmer und diskutieren.

»Unter anderem kam im Mai ein junger Mann namens Ferdinand Bahrenbrügge, der im Außendienst als Kosmetikfachberater tätig ist, zu mir.

Ich erzählte ihm, daß er mit einer Frau zusammenlebt, die es nicht wert ist, ihn als Freund zu haben, die ihn betrügt. Ich habe ihm die Augen über sein Leben mit dieser Frau geöffnet. Es entwickelte sich zu diesem jungen Mann eine sehr intensive Freundschaft, die bis heute besteht.«

Wieviel kann der Mensch selbst bestimmen? Wie groß ist seine eigene Freiheit? Wieviel ist vorbestimmt?

»Der Mensch kann im Prinzip alles selbst bestimmen. Nur macht der Mensch vieles unüberlegt. Die Jenseitigen gaben mir folgendes Beispiel: „Ihr Menschen habt verlernt, vorher den Verstand einzuschalten und dann zu handeln. Ihr macht das Gegenteil."

Wenn wir wieder lernen würden, auf unsere innere Stimme zu hören, wären wir von vielen Unüberlegtheiten verschont geblieben. In jedem Menschen steckt etwas Sensitives, nur ist es verkümmert.«

Könnte ich gegen das Vorbestimmte leben?

»Nein. Sie kommen nicht dagegen an.«

Könnte ich zum Beispiel den Cassettenrecorder ausschalten, die Cassetten wegwerfen und heimgehen?

»Sie könnten es tun, aber Sie würden es bereuen.«

Sind Sie sicher?

»Sie können es tun, würden es aber schlagartig, innerhalb von einer Stunde, bereuen. Denn dann fängt es bei Ihnen zu arbeiten an: „Was habe ich getan? Warum habe ich das getan? Ich sehe selber keinen Sinn darin." Da meldet sich Ihre innere Stimme.«

Wann ist etwas zu verhindern?

»Zu verhindern ist etwas nur dann, wenn der Parallelfilm gezeigt wird.«

Schon. Nur, wer bestimmt das? Eine Gruppe im Jenseits?

»Ja. Die Jenseitigen, die von einer höheren Intelligenz, von einer höheren Wesenheit den Auftrag dazu bekommen.«

Hilft dabei Beten oder Bitten?

»Doch, das hilft. Es wird auch von oben gesagt: Betet. Oder z. B. die Muttergottes bei der Madonnenerscheinung in Medjegorje sagte: "Betet, lernt wieder zu beten. Ihr könnt durch Gebete sehr viel verändern, Leid abschwächen und ersparen."

Doch die Menschen haben das Beten verlernt.«

Diese Wunder, die an den Wallfahrtsorten oft geschehen, sind das die Resultate des Betens?

»Ja. Die Wunder an Wallfahrtsorten sind ein Zeichen dafür, daß es Gott gibt, daß es unserer aller Mutter gibt, daß es Jesus Christus gibt.«

Wenn irgendwo schon alles vorherbestimmt ist, ist dann eigentlich auch ,vorprogrammiert', daß dieser oder jener versagt? Bleibt damit einigen schon nicht mehr die Chance, ihre Lebensaufgabe zu bewältigen?

»Nein. Das ist nicht vorprogrammiert. Ich kann z. B. Fälle aus meinem Leben nennen, wo Menschen jahrelang nur negativ und verlustreich gelebt, gearbeitet und gewirtschaftet haben. Und nach sehr intensiven und langen Gesprächen hat sich eine Wandlung ergeben, hat sich für sie ein neuer Weg gezeigt, der ins Positive führte. Es ist beispielsweise die Aufgabe eines Mediums, Menschen zu helfen.

Nicht wie eine Frau, die vor kurzem sagte: „Jetzt sagen Sie mir, wie mein vergangenes Leben war, dann sagen Sie mir bitte, wann meine Mutter, die ich pflegen muß, den Löffel abgibt."

Ich hätte es ihr beantworten können, selbstverständlich. Nur konnte ich das nicht verantworten.«

Wenn Sie jemanden sehen, kennen Sie sofort seine Probleme, seine Vergangenheit, oder nur, wenn derjenige Sie bittet, sich mit ihm zu beschäftigen?

»Ich frage die Jenseitigen, ob sie mir das vergangene Leben dieser Person zeigen wollen. Das vergangene Leben ist eigentlich nicht wichtig. Wichtig ist die Zukunft.

„Blicke nicht zurück, schaue nach vorne, das Negative kann dich immer wieder einholen. Blicke auf das Positive", mit diesen Worten habe ich zahlreichen Menschen bereits geholfen, sich nicht das Leben zu nehmen, sondern ein anderes Leben zu führen.

Vor kurzem wandte sich beispielsweise ein junger Geschäftsmann in Münster an mich. Er war an einem Punkt angelangt, wo er keinen Ausweg mehr sah. Ich habe diesem Mann bei einem sehr wichtigen Gespräch geholfen, das am nächsten Tag stattfinden sollte. Er wäre absolut über den Tisch gezogen worden, sie hätten ihn fertiggemacht. Er ist jedoch nach einem Gespräch mit mir mit einer solchen Sicherheit und Festigkeit abends von hier weggegangen, daß er am nächsten Tag gesagt hat: „Meine Herren, mit mir nicht. C'est la vie. Das war's. Sie hören von mir."

Die waren alle baff, haben die Welt nicht mehr verstanden. Und er ist aus der Geschichte gut ausgestiegen. Es hätte ihn Kopf und Kragen kosten können.«

Es gibt also eine gewisse Entscheidungsfreiheit des Menschen?

»Die bleibt, die wird nicht angetastet.«

Sie haben einmal gesagt: „Die von uns Geführten ..." Gibt es auch Menschen, die nicht geführt werden?

»Jeder Mensch wird geführt. Aber es gibt bestimmte Führer in der jenseitigen Welt, die wiederum andere führen. Die werden oben als Schutzgeist, als Schutzpatron bestimmt.«

Dieser Unterschied ist mir noch nicht ganz klar. Jeder wird geführt, wieso kann man dann sagen, „die von uns Geführten"?

»Die von uns Geführten sind hauptsächlich die medial sehr stark Begabten, die von oben ausgesucht wurden, z. B. meine Person. Ich werde von oben besonders geleitet und geführt. Geholfen wird jedoch jedem.«

Hat nicht jeder einen Schutzgeist?

»Jeder hat seinen Schutzgeist. Und es wäre phantastisch, wenn jeder seinen Schutzgeist akzeptieren und auf ihn hören würde. Er sagt viel durch die innere Stimme. Man sagt dann: „Ich habe so ein komisches Gefühl im Körper. Irgend etwas warnt mich."

Das ist dann der Schutzgeist, der sich ins Unterbewußtsein einschaltet und etwas preisgibt. Das hat jeder Mensch in sich.«

Kapitel 8

Nach diesem Gespräch zeigt mir Paulussen Briefe von Leuten, denen er geholfen hat.

Angelika R. an Paulussen, 24.12.1988

»Herzlichen Dank für die Lebenshilfe und die Mutmachung.«

Guy L.P. an Paulussen, 24.9.88

»Die Auskunft über Olaf Palme ist sehr interessant, besonders die Ausprache mit dem Minister und mit den Herren von der Industrie. Man weiß jetzt, daß Palme mit diesen Leuten in der Woche seines Todes gesprochen hat.

Es ist auch sehr wahrscheinlich, daß ein oder zwei dieser Herren ihn bedrohten. Palme hatte möglicherweise zuviel über den Waffenhandel mit dem Iran oder dem Irak entdeckt, und wir können uns gut vorstellen, daß diese Entdeckung zu gefährlich war.

Es tut mir leid, daß „dies auch in den nächsten Jahren von der Polizei nicht aufgeklärt werden wird." Ich und andere sind jedoch entschlossen, eine Erklärung zu finden.

Hoffentlich können Sie nächsten Februar oder März den Fernsehfilm sehen, in dem die ganze Geschichte erzählt wird.«

Anneliese K. (Heilpraktikerin) an Huainigg, 30.5.1989

»Vor längerer Zeit habe ich mit Paulussen einige Male telefoniert.Den Inhalt dieser Gespräche möchte ich jedoch für mich behalten und bitte Sie, das zu verstehen.

Als Esoterikerin sind mir Kontakte mit Sehern, Prognostikern und Menschen schon recht interessant und oftmals auch aufschlußreich. – Ich habe aber erlebt, daß man sich oft fragen muß, ob die Seher oder Wahrsager, oder wie immer man diese Menschen bezeichnen will, sich über ihre gewaltige Verantwortung im Hinblick auf den Schicksalsablauf und dessen Beeinflussung im Klaren sind! Ich kenne viele Menschen mit der Gabe des Sehens, doch bei keinem einzigen trafen alle Vorhersagen ein, und das betrifft auch mein eigenes Schicksal.

Ich habe Respekt vor der Leistung Paulussens und bin sicher, daß er zu denjenigen gehört, die es wirklich ernst meinen!«

Dieter M. an Paulussen, 24.5.87

»Ich bin 42 Jahre alt und habe schwere Minderwertigkeitsgefühle, Ängste, mit Leuten umzugehen. Bei jeder kleinen Aufregung fange ich an zu schwitzen und werde rot. Dies geht im Betrieb bis zu massiven Herzbeschwerden. Dadurch ziehe ich mich immer mehr zurück und spreche oft stundenlang kein Wort. Die einzige Freude sind die Zusammenkünfte mit Familie J.

Vor ca. 6 Jahren war ich in einer psychologischen Gruppentherapie, die mir nicht geholfen hat. Seit dem letzten Jahr haben wir auch privat größere Belastungen, ich habe zweimal hintereinander meine Stelle verloren, bin allerdings seit Januar als Maschinenbautechniker beschäftigt.

Seit Ende letzten Jahres bin ich in psychologischer Behandlung, was mich auch nicht weiterbringt.

Meine Unsicherheit und das Erröten ist auch daran schuld, daß ich meine Stelle verloren habe. Bei meiner jetzigen Firma mache ich mir auch schon wieder die allergrößten Sorgen. Ich weiß nicht, wie es mit mir noch weitergehen soll. Meine Frau hat für meine Situation Verständnis, aber wie lange noch.

Vor ca. einem Jahr dachte ich, daß Beten eine Besserung bringen könnte, und so betete ich jeden Morgen den ganzen Weg zur Arbeitsstelle, aber auch das brachte keine Hilfe. Ich schreibe Ihnen diesen Brief in der Hoffnung, daß ich über Sie Hilfe bekommen kann, eventuell über meinen verstorbenen Vater Willibald oder meinen Bruder Lothar.

Wenn Sie mir in irgendeiner Weise helfen können, wäre ich Ihnen sehr dankbar.

Paulussen hat geholfen:
Dieter M. an Paulussen, August 1988
»Herzliche Urlaubsgrüße senden Ihnen Dieter und A. M. Wir denken viel an Sie! Vielen Dank für alles!«

Margit K. an Paulussen, 18.6.1987

»Alles, was Ihnen durch Ihre Großmutter übermittelt wurde, entspricht den Ahnungen, Vermutungen und Ermittlungen, die ich beim Tod meines Mannes bzw. meiner Tochter hatte.

Obwohl ich noch tausend Fragen an Sie hätte, bitte ich Sie um Hilfe für mein sechs Wochen altes süßes Enkelchen Markus. Das Kind schreit fast Tag und Nacht ununterbrochen, fast so, als ob ihm diese unsere Welt nicht zusagte. Dabei ist er laut Urteil der Ärzte kerngesund. Würden Sie, lieber Herr Paulussen, Ihre Großmutter bitten, drüben jemand zu finden, der uns etwas darüber sagen kann?«

Cidalia B. an Paulussen, 16.6.1987

»Ich bedanke mich an dieser Stelle für die Hilfe, die Sie meiner Familie und mir gegeben haben. Seit ich mit Ihnen gesprochen habe, bin ich von einer großen Last befreit. Ich habe auf Ihren Rat hin die Scheidung eingereicht.

Mein Vater sagt mir immer wieder in meinen Tonbändern, daß er mit Ihnen gesprochen hätte. Sie wären „un bon amigo" (ein guter Freund), und er sei öfters bei Ihnen, oder besser, Sie bei meinem Vater. Er sagt mir auch, daß mein Sohn Stefan mit dem Motorrad aufpassen muß und daß er einen Unfall haben wird. Ich bitte Sie, mir etwas über dieses Thema zu sagen, wenn Sie etwas wissen.

Meiner Mutter habe ich Ihre Botschaft gegeben. Inzwischen ist sie in Behandlung und fühlt sich in Kiel besser. Meiner Schwester geht es auch besser, und mein Bruder steht wieder an erster Stelle auf der Kandidatenliste für die neuen Wahlen. All dies war Ihre Botschaft an uns, und alles ist eingetroffen.

Ich hoffe, daß mein lieber Vater weiter mit Ihnen in Kontakt bleibt.«

Franz S. an Paulussen, 10.6.1987

»Sind Schutzengel ‚Heilige‘, die noch nie als Mensch gelebt haben und uns schon von Geburt an beschützen, obwohl wir bis jetzt nicht wußten, wen wir als unseren Schutzengel namentlich ansprechen konnten? Auf dem Tonband sagte meine verstorbene Mutter zu mir, daß sie mein Schutzengel sei. Sollte ich meine liebe Mutter als die innigste Fürbitterin betrachten? Darf ich meinen Schutzengel auch über das Tonband ansprechen? Sie, Herr Paulussen, brauchen zufolge Ihrer Begabung, die Gott Ihnen − nicht zu ihrem Vergnügen − gegeben hat, kein Tonband. Was sagen die Engel zu unserer Tonbandpraktik? Herr Paulussen − ist mein jetziges, teils sehr leidvolles Schicksal die Folge eines meiner früheren Leben, und können Sie in Erfahrung bringen, wo und als was ich gelebt habe?

Lieber Herr Paulussen, jetzt frage ich mich nur, wie kann ich Ihnen auf irdischem Wege zu einer Freude verhelfen? Bitte geben Sie mir einen Tip!«

Herbert und Leni J. an Huainigg, 16.5.1989

»Seit 1983 befassen meine Frau und ich uns mit dem Phänomen der Tonbandstimmen. Bei einem Treffen mit Gleichgesinnten lernten wir im Sept. 1988 Familie Paulussen kennen und erfuhren von der Gabe des Herrn Paulussen als Volltrancemedium.

Wir übergaben ihm im November 1988 eine Kerze mit der Bitte, diese Kerze bei passender Gelegenheit der jenseitigen Zeitstromgruppe, mit der wir den Tonbandkontakt halten, zu übermitteln.

Daß Paulussen uns diese Bitte erfüllt hat, erfuhren wir ein paar Tage später bei einer Tonbandeinspielung. Unsere jenseitigen Freunde bedankten sich mit folgenden Worten: „Mit der Kerze kommt Friede!"

Eine Woche darauf teilte uns Paulussen bei dem monatlichen Treffen in Münster mit, die Kerze sei ‚drüben‘, sie sei innerhalb von 30 Sekunden von seinem Wohnzimmertisch verschwunden gewesen. Im Jenseits wäre eine Kopie angefertigt worden.

Im November 1988 trug sich auch folgende Begebenheit zu. Paulussen wurde gebeten, mittels einer Photographie den vermißten Sohn eines portugiesischen Ehepaares aufzuspüren. Er erklärte darauf, daß der gesuchte junge Mann in Hamburg lebe, sich zur Zeit im Krankenhaus befände, die ihn dort betreuende Krankenschwester heiratet und im April 1989 mit seinen Eltern wieder zusammen käme.

Bei einem esoterischen Treffen im April 1989 bestätigten Freunde des portugiesischen Ehepaares, daß alles so eingetroffen war, wie Paulussen es im November 1988 vorausgesagt hatte.

Der vermißte Sohn, inzwischen mit der Krankenschwester verheiratet, hatte seine Eltern im April wiedergetroffen.

Im März 1989 haben meine Frau und ich mit zwei gemeinsamen Freunden unabhängig voneinander im Wallfahrtsort Heroldsbach eine Lichterscheinung gesehen.

Herrn Paulussen wurde von uns diese Erscheinung nicht beschrieben. Ihm wurde nur mitgeteilt, daß wir ‚etwas‘ gesehen haben. Paulussen konnte uns die Erscheinung so schildern, als sei er selbst dabei gewesen.

Bei einer anderen Gelegenheit erlebten wir mit, wie Paulussen von einem ihm unbekannten, psychisch erkrankten Mann, den meine Frau und ich in Bayern kennengelernt hatten und den wir in einem Gespräch beiläufig erwähnten, das genaue Aussehen und die richtige Krankheitsdiagnose angeben konnte.«

Klaus L. an Huainigg, 12.7.1989

»Wir können leider nur geringfügig beitragen, das Bild über Herrn Paulussen zu vervollständigen. Wir haben ihn nach dem tragischen Tod unseres Sohnes im Esoterikkreis kennengelernt und ihn kurze Zeit später zu Hause aufgesucht. Wir sollten dabei eventuell etwas Näheres über den bis heute noch unklaren Unfallhergang erfahren, der zum Tod unsers Sohnes führte. Die Aussage von Herrn Paulussen dazu konnte bislang nicht erhärtet werden.

Erstaunlich für uns war jedoch seine Feststellung, daß er jemanden den Namen ‚Hedi‘ rufen hörte. Es ist der Rufname meiner Frau. Paulussen war bis zu diesem Zeitpunkt nur unser Familenname bekannt. Nach dem Betrachten von Familienfotos sagte er, daß unser Schwiegersohn, der sich gerade auf die Prüfung zur gehobenen Verwaltungslaufbahn vorbereitete, diese nur mit Schwierigkeiten schaffen würde. Er hat sie dann auch erst im zweiten Anlauf bestanden.

Bei einem zweiten Besuch erfuhr Herr Paulussen von den chronischen Kopfschmerzen meiner Frau. Er empfahl uns, mit ihm zu einem Dr. Hochenegg nach Hall/Tirol zu fahren, dieser würde sie von den Schmerzen befreien. Anfang November 1988 wurde meine Frau dann tatsächlich durch eine dreimalige Behandlung von den Kopfschmerzen befreit. Dr. Hochenegg übertrug dabei eine starke elektrische Energie durch Handauflegen auf meine Frau. Die Stärke und Dauer dieser Energieübertragung wurde dabei von Paulussen genau angegeben. Seitdem fühlt sich meine Frau gesundheitlich so gut wie in den letzten zehn Jahren nicht mehr.

Was von den Aussagen Paulussens nicht zutraf, war bislang folgendes:

1. Unsere Tochter würde nach ihrer Hochzeit einen Doppelnamen tragen. − Sie trägt nur den Namen ihres Mannes.

2. Gleich nach der Hochzeit kämen zwei Kinder (ein Junge, ein Mädchen). Jetzt, zehn Monate später, ist an Kinder noch nicht zu denken.«

Ferdinand B. an Huainigg, 15.5.1989

»Im Juli 1987 lernte ich Herrn Hans-Peter Paulussen in Münster kennen. Schon lange vorher hatte ich mich mit der Frage beschäftigt, ob ich, um aus meiner persönlichen Situation herauszukommen, nicht einmal die Hilfe einer Kartenlegerin oder Wahrsagerin in Anspruch nehmen sollte. Einen Blick in die Zukunft werfen nennt man das wohl.

Aber ich mußte noch mehrere Schicksalsschläge hinnehmen, um diesen Schritt zu wagen. Ohne nähere Erklärung sagte mir Paulussen, daß ich mich sofort von meiner damaligen Freundin trennen sollte, da sie mich seelisch kaputt mache. Über die berufliche Seite sollte ich mir keine Sorgen machen, da ich bei der Firma einen guten Stand hätte und großes Vertrauen besäße.

Immer noch skeptisch, haben wir uns dann über Esoterik und mediale Fähigkeiten unterhalten. Da mir Herr Paulussen sagte, daß er mit seiner verstorbenen Großmutter in geistiger Verbindung steht und diese Fähigkeiten schon seit 38 Jahren hat, sagte ich – immer noch ungläubig – zu ihm, wenn das Tatsache ist, was Sie mir sagen, müßten Sie auch mit meiner verstorbenen Großmutter Kontakt aufnehmen können. Er bejahte dieses, fragte mich nach dem Namen meiner Oma und formulierte die Frage, ob meine Oma eine Mitteilung für mich habe.

Es dauerte ungefähr 1 bis 1½ Minuten, bis der Kontakt hergestellt war. Als Paulussen den ersten Strich des ersten Buchstabens auf seinen Block schrieb, fing ich am ganzen Körper an zu zittern. Gerade so, als ob meine Oma hinter mir stände und mich ordentlich aus meinem Traum wachrütteln wollte. Dieses Phänomen hörte mit dem Schlußpunkt der Durchsage meiner Großmutter auf. Auch sie hat mir ans Herz gelegt, mich von meiner damaligen Freundin zu trennen.

Für meine Zukunft sagte mir Paulussen voraus, daß ich in absehbarer Zeit heiraten und zwei Kinder haben würde, daß ich nicht mehr in Norddeutschland wohnen, sondern ein Haus in der Nähe meines Geburtsortes kaufen würde. Über die Trennung sollte ich mir keine Gedanken machen.

Für die Partnerschaft sagte er mir noch: „Sie werden nicht lange allein bleiben, sondern eine nette Frau kennenlernen, die Sie aber nicht heiraten werden. Sie kennen Ihre Frau noch nicht. Sie ist Ihnen bisher noch nicht begegnet."

Bei meiner Verabschiedung sagte Paulussen zu mir: „Wir werden uns noch sehr oft wiedersehen, und zwischen uns wird sich eine sehr lange Freundschaft von 39 Jahren entwickeln." Ein bißchen viel, das von einem Mann zu hören, den ich vorher noch nie gesehen habe.

Genau an dem darauffolgenden Wochenende, es war der 7.8. 1987, habe ich mir ein Herz gefaßt. Mit den Worten: „Ich kann nicht mehr, ich will nicht mehr, ich weiß nicht mehr, wer ich bin und wo ich stehe. Das Beste für uns ist, wir trennen uns", habe ich meiner Freundin die Trennung ausgesprochen. Sie reagierte sehr kühl und sagte: „Wenn ich am 28.8. wiederkomme, kannst du ausgezogen sein. Bitte verlasse dann mein Haus."

Ich gab mir Mühe, aber so einfach war das nicht, eine geeignete und meiner Vorstellung entsprechende Wohnung in Bremen zu finden. In meiner Verzweiflung rief ich Paulussen an, und er sagte mir, ich solle mir keine Sorgen machen. „Sie werden keine Wohnung kaufen, sondern zu diesem Termin mit der Hilfe Ihrer Großmutter eine geeignete Wohnung in Bremen finden."

Genau in der Mitte dieser drei Wochen bekam ich eine passende und in jedem Detail meinen Vorstellungen entsprechende Wohnung, die zum 28.8 frei würde, angeboten. Ich griff sofort zu. Der Auszug war perfekt.

Ende Oktober/Anfang November 1987 wurde ich durch drei sehr merkwürdige, wiederkehrende und unangenehme Träume beunruhigt.

In der Zwischenzeit stellte sich auch die neue, sehr harmonische Partnerschaft ein.

Mit meinen Träumen wandte ich mich zwecks Deutung ebenfalls wieder an Paulussen. Da in diesen Träumen mein Auto demontiert würde – ich fuhr zu diesem Zeitpunkt einen Firmenwagen –, konnten sich diese Träume nur auf meine Tätigkeit beziehen. Dazu sei vermerkt, daß meine Ex-Freundin mich zu einem Firmenwechsel überredet hatte, als wir noch zusammen waren, so daß wir nunmehr beide, zwar in unterschiedlichen Funktionen, aber immerhin in derselben Firma arbeiteten.

Durch meine angeschlagene psychische Verfassung hätte ich die Wahrheit, die sich in diesen drei Träumen verbarg, nicht verkraften können. So sagte mir Paulussen, daß ich zwar organisatorisch einiges ändern müsse, mir aber ansonsten keine Sorgen um meinen Arbeitsplatz machen solle. Die volle Wahrheit sollte ich erst viel später erfahren. Etwas beruhigt durch diese Aussage, stellte ich fürs erste keine weiteren Fragen und auch die Träume kamen nicht mehr wieder. Kurz vor Weihnachten 1987 stellten sich mir beruflich doch wieder große Schwierigkeiten in den Weg, und ich suchte abermals Paulussen auf.

Er wußte mehr, als er mir sagte, und beruhigte mich mit den Worten: „Nun machen Sie erst einmal Urlaub auf einer Insel. Und erholen Sie sich gut." Ich hatte zwar zwischen Weihnachten und Neujahr frei, aber ein Urlaub war nicht geplant. Dieser Inselurlaub sollte meine Weihnachtsüberraschung sein.

Gegen Ende des Urlaubs hatte ich so ein komisches Gefühl, und dieses bestärkte sich noch dadurch, daß die harmonische Beziehung zu meiner Freundin von heute auf morgen beendet wurde. Ich war fix und fertig und verstand die Welt nicht mehr. Diesmal meldete sich Paulussen bei mir, fragte, wie der Urlaub war und sagte: „Ich habe eine MitteilungIhrer Großmutter."

Sie sei froh, daß die Beziehung zu dieser Frau nun ebenfalls beendet sei und damit der Weg und auch ich frei sei für die von meiner Großmutter für mich ausgesuchte Frau.

Paulussen sagte, er sei selbst überrascht, daß sich die Ereignisse so überschlagen würden.

Mir wurde von meiner Firma infolge einer Intrige gekündigt. Herr Paulussen bestätigte meinen Verdacht. Ebenfalls sagte er mir, daß er alles bereits vom ersten Augenblick unseres Kennenlernens an gewußt habe, aber daß meine psychische Verfassung es nicht zuließ, daß er mir die volle Wahrheit erzählte. Durch meinen Urlaub vorher habe ich genug Kraft gewonnen, um alles, was bisher vorgefallen war, zu überstehen.

Einige Tage später ist meine jetzige Frau bei Paulussen gewesen. Er sagte: „Als deine Frau mir damals gegenübersaß, standest du hinter ihr und hast die Hände auf ihre Schultern gelegt." Paulussen und auch meine Großmutter bestätigten unabhängig voneinander, daß das die für mich ausgesuchte Frau ist.

Da wir uns nicht kannten und wahrscheinlich so schnell nicht begegnet wären, hatte Paulussen meine jetzige Frau und mich zu einem Kostümball eines münsterischen Karnevalvereins eingeladen (13.2.1988). Ich setze mich vorab telefonisch mit meiner zukünftigen Frau in Verbindung und machte einen Zeitpunkt aus, wann ich sie abholen sollte. Durch die Gespräche mit Herrn Paulussen wußte ich zu diesem Zeitpunkt ein wenig mehr als meine jetzige Frau. Als sie mir nun zu dem verabredeten Zeitpunkt die Tür öffnete, war mir mit einem Male, trotz dicker Skijacke, an meiner rechten Seite eiskalt. Ich bedankte mich in Gedanken bei meiner Großmutter, daß sie mich bis hierher begleitet hatte und daß mit ihrer Hilfe und meinem Willen alles nach dem für uns festgesetzten höheren Lebensplan geschehen würde. Damit verschwand die Kälte genau so plötzlich, wie sie gekommen war.

Das erste, was ich danach imstande war zu sagen, war: „Auf dich habe ich 36½ Jahre gewartet, nun hat die Suche ein Ende."

Meine Frau hat mir vom ersten Augenblick an gefallen, und ich habe sie am 19. August 1988 geheiratet. Auch der Termin wurde an uns von meiner verstorbenen Großmutter durch Paulussen durchgegeben. „Heiratet bitte im 3. Quartal 1988", war der ersehnte Wunsch meiner Großmutter, dem wir uns nur allzu gerne anschlossen.«

Kapitel 9

Am späten Nachmittag erwartet uns noch ein interessanter Besuch. Ein Mann und eine Frau sitzen Kage, Paulussen und mir gegenüber. In der Hand halten sie ein Buch mit den Titel „Sprach ich mit Gott?"

Sind Sie der Autor?, frage ich.

Der Mann zögert, dann meint er:»Ja und nein. Ich bekam den Text aus dem Jenseits diktiert. Eines Tages beim Pendeln meldete sich Gott und sagte, daß er mir ein Buch diktieren wolle. Die Kirche habe sehr viel falsch gemacht. Immer wieder meldete sich Gott.«

Zwar hatte er am Anfang noch Zweifel, die aber durch ‚Beweise' widerlegt wurden. So gab ‚Gott' etwa genau an, in welcher Schrifttype das Buch gesetzt werden soll. Der Mann, der sich jedoch auf diesem Gebiet nicht auskannte, kontrollierte die Angaben durch den Anruf in einer Druckerei. Es gab diesen Schrifttyp. Alles schien perfekt. Das Buch wurde geschrieben, im Eigenverlag veröffentlicht, und dann kam die Enttäuschung: Kein Buch wurde verkauft, keine Vorhersage des Buches traf ein. Jetzt hatten sie nicht nur ein finanzielles, sondern auch ein seelisches Problem.

Paulussen erzählt zunächst über sich und über die Zusammenarbeit mit Kage.

»Ich bekam für Manfred Kage den Kontakt zu einem Dr. Nußbaum. Manfred hatte zuvor noch nichts von ihm gehört. Zunächst ging der Kontakt nur über mich, doch dann sagte Dr. Nußbaum durch mich: „Du wirst auch ohne die Hilfe von Hans-Peter den Kontakt zu mir, Dr. Gustav Nußbaum, bekommen, wenn geholfen werden muß. Bitte, sprich mich an. Ich gebe mich zu erkennen."

Er sagte von sich selbst, daß er 1944 im KZ Auschwitz gestorben sei.

„Im KZ Auschwitz bin ich gestorben, bzw. ermordet worden, da ich nicht bereit war, mich an der Euthanasie meiner Brüder und Schwestern zu beteiligen. Man hat mich vernichtet. Ich habe noch einen Sohn in München, der ebenfalls Mediziner ist. Es gibt ein Nachschlagwerk, das 1927 von mir geschrieben und veröffentlicht wurde. Ich verfügte schon zu Lebzeiten über mediale Fähigkeiten im Heilen."

Dies wurde mir mitgeteilt, und dies erzählte ich Dr. Hochenegg in Hall. Er machte etwas ganz Eigenartiges. Er sagte: „Dr. Gustav Nußbaum, Moment."

Er machte seinen Schrank auf. „Hier ist das Buch."

Dr. Hochenegg hat das Buch von ihm. Alles was ich sage, ist darin auch nachlesbar. Also, dieser Mann hat gelebt. Dr. Gustav Nußbaum teilt sich Manfred jetzt auch mit, ohne daß ich den Kontakt herstelle. Dr. Gustav Nußbaum wirkt durch Manfred in diesem Ärzteteam, das sich oben im Jenseits befindet. Dieses Team arbeitet an Manfred.

Er ist ein medial begabter Mensch. Diese Medialität wird aber in Grenzen gehalten. Sie geht nicht über die Belastbarkeit der Person hinaus. So hat er die Aufgabe zu helfen, was leider hier in Deutschland noch strafbar ist. Also sind wir gezwungen, ins Ausland zu gehen oder abzuwarten, bis sich ein Politiker ein Herz faßt und sagt: "Mir ist hier geholfen worden. Ich kämpfe für eine Liberalisierung."

Aber es gibt zur Zeit scheinbar nur feige Politiker. Hinter der Hand tuscheln sie: „Tu es. Geh da hin. Der hilft." Aber nach außen bekennt sich niemand dazu.«

»Und jetzt«, spricht Paulussen den Mann und die Frau an, »bitte ich Sie beide: Machen Sie den Versuch. Sprechen Sie mit einer Person, die jetzt oben ist und die Ihnen zu Lebzeiten viel bedeutet hat. Eine Person, die Dinge von Ihnen weiß, die sie wiedergeben kann. Nützen Sie diese Gelegenheit, nehmen Sie Kontakt zur Ihrem verstorbenen Vater, Ihrer verstorbenen Mutter oder sonst jemandem, der Ihnen sehr nahe gestanden hat, auf. Sprechen Sie die Person an. Das soll für Sie ein Beweis sein.«

»Erkennt man dann die Stimme der Person wieder?«, fragt die Frau.

»Sie erkennen die Stimme an dem Tonfall und den Äußerungen wieder. Sie spricht in dem Dialekt und in der Tonart, wie Sie sie kennen.«

»Jetzt muß ich noch einmal auf das Pendel zurückkommen«, unterbricht der Mann. »Habe ich Sie richtig verstanden, daß jene aus dem schwarzen Bereich nur über irgendwelche mechanischen Dinge, wie Tische, Glas, Pendel usw. Kontakt aufnehmen?«

»Ja, damit geht es sehr leicht.«

»Gut. Frage: Wenn wir versuchen, einen Kontakt über ein Medium zu bekommen und etwa gesagt bekämen, daß der Kontakt nur zu Therapiezwecken besteht, dann könnte der Geist nicht mehr einer aus dem schwarzen Bereich sein, da der Kontakt nicht mehr über ein Pendel oder etwas anderes geht?«

»Richtig. Sie haben dann mit einem Schutzgeist, einem Schutzbefohlenen Kontakt, der über eine ganz andere Kraft und Energien verfügt, als die Jenseitigen aus der schwarzen, negativen Zone.«

»Sie können sich sicherlich vorstellen, daß wir beide nach unseren Erlebnissen jetzt sehr ängstlich sind«, meint die Frau. »Uns stellt sich die Frage, ob wir nicht wieder einem Geist mit bösen Absichten in die Hände fallen.«

Paulussen versucht zu beruhigen: »Gut, ich kann Ihnen jetzt nur beschränkt Beweise liefern. Manfred kennt mich recht gut ...«

Dem Schriftsteller wird die Frage peinlich: »Ich glaube, Sie haben das falsch verstanden.«

»Die Beweise sind für uns wichtig, damit wir wissen, daß wir nicht wieder einen Fehler machen«, besteht die Frau auf ihrem Standpunkt.

»Sybille meint, daß wir uns nicht wieder mit Dingen und Personen einlassen, die nichts Gutes im Sinn haben«, klärt nun der Mann endgültig auf, was gemeint ist.

»Sie bekommen Beweise, und zwar nicht von mir, sondern von den Jenseitigen. Die bekommen Sie später.

Die Jenseitigen liefern Ihnen den Beweis. Ihre Großmutter hatte mit Sicherheit einen Kosenamen für Sie, vielleicht sprach sie Sie mit Bubi an. Und so werden Sie dann angesprochen, obwohl nur Sie den Namen wissen können.«

»Ich finde schon beruhigend, zu wissen, daß ein akustischer Kontakt nicht aus dem schwarzen Bereich kommen kann, sondern nur aus dem hellen Bereich, weil sich der schwarze Bereich, wie Sie sagen, nur über materielle Dinge mitteilen kann.«

»Genau, so ist es.«

»Ich sagte Ihnen vorhin, daß wir mit Dr. Constantin Raudive einen guten Kontakt haben. Seine Stimme, also jene von Dr. Constantin Raudive, ist auch auf Band festgehalten. Wenn Sie sie hören möchten, spiele ich sie Ihnen vor«, schlägt Paulussen vor.

»In Luxemburg kam die Stimme des Dr. Constantin Raudive über ein TV-Gerät. Auf einem zweiten Band spricht er aus mir heraus. Und jetzt hören Sie sich diese beiden Bänder an, und Sie werden Parallelen finden. Ist doch eigenartig, beide Aufzeichnungen fanden unabhängig voneinander statt.«

Die Luxemburger Aufnahme wird vorgespielt. Zunächst ist auf dem Band eine verrauschte Männerstimme zu hören, dessen Inhalt von einer Frauenstimme wiederholt wird.

»Jede Grenze hat ein Diesseits und ein Jenseits. Dies gilt im physischen wie im geistig-seelischen Bereich. Wir sprechen von Grenzen in allen uns vertrauten Daseinsschichten. Kennt ein Mensch seine Grenze nicht, sei es die Grenze zum Nachbargarten, sei es die der eigenen Kraft, wird er Folgen zu spüren bekommen. Grenzübertritte unterliegen besonderen Gesetzen. Wer sie nicht genügend beachtet, begibt sich in Gefahr. Der heutige Mensch ist in der Regel zufrieden, wenn er sein Leben innerhalb der Grenzen von Geburt und Tod begreift. Die naheliegenden Fragen: Was war vorher? Was wird nachher sein? Tauchen zwar auf, werden aber im allgemeinen entweder als unbeantwortbar verdrängt oder nur oberflächlich beantwortet.

Entweder weist man darauf hin, daß schließlich niemand wissen könne, was vor der Geburt gewesen sei und nach dem Tode sein werde, oder man spricht von den natürlichen Gegebenheiten. Vor der Geburt seien die Eltern gewesen und nach dem Tode werde die Verwesung des Leibes eintreten. Zudem vermutet man, daß alle anderen Aussagen sowieso nur Wunschphantasien seien, mit deren Hilfe der Mensch gegenüber der Unerbittlichkeit des Todes Trost suche.«

»Das war jetzt der Text von Raudive?«, fragt der Mann.

»Zuletzt sprach Maggie aus Luxemburg. Vorher sprach Raudive. Doch seine Aufzeichnung war sehr verrauscht, deshalb gab sie das Gesagte noch einmal verständlich wieder. − Jetzt spiele ich Ihnen das Band vor, wo er aus mir herausspricht. Die Aufzeichnung ist zwar sehr leise, das hängt mit mir, mit meiner schwachen Energie zusammen. Der Kontakt benötigt sehr viel Energie.«

Nach dem Abhören der Kassette fragt Kage:»Die Hauptunterschiede der Aufnahmen sind Ihnen verständlich?«

»Doch. Mir ist nur nicht verständlich, wie die Aufzeichnung in Luxemburg zustande gekommen ist.«

80

»Maggie und Jules besitzen einen kaputten Fernseher, der lediglich an die Steckdose angeschlossen ist. Aber normalerweise funktioniert er auch mit Strom nicht.«

»Und aus dem Lautsprecher des TV-Gerätes kommt die Stimme von Raudive, die wir jetzt hörten«, erklärt Kage.»Der Kontakt besteht also nicht durch ein Medium, sondern durch ein Gerät ohne Beteiligung eines Menschen. Der Kontakt mit Paulussen kommt anders zustande: Direkt durch seinen Mund, also durch das Medium, spricht der Jenseitige. Der Jenseitige benutzt, übernimmt für eine Zeitlang dessen Sprachorgane. In Luxemburg wird die Verbindung technisch hergestellt. Die haben eine eigene Sendestation und können damit direkt sowohl über Fernsehen als auch über Computer Texte aus dem Jenseits empfangen. Das funktioniert auch über Telefon und über die Lautsprecher eines Radiorecorders. Kombinationen der Geräte sind auch möglich und werden sogar überwiegend verwendet.«

»Also finden diese Kontakte hauptsächlich in Luxemburg statt?«

»Die benutzten Geräte wurden von oben genannt. Beschrieben wurde von oben auch, wie sie zusammengebaut werden mußten. Und das haben die Luxemburger getan, und es funktionierte. Professor Resch hat einmal mit dem Schraubenzieher begonnen, alles zu zerlegen, aus Neugierde.«

»Er wollte nachsehen, was sich in den Geräten abspielt?«

»Er hat alles auseinandergebaut. Jules sagte: „Dem darf man keinen Schraubenzieher in die Hand geben, da sucht er sich nämlich einen zweiten Schraubenzieher um den ersten auseinanderzubauen." Also, er baut alles nach, schaut sich alles genau an.«

»Er wollte kontrollieren«, ergänzt Kage, »ob im TV-Gerät kein Empfänger montiert ist, der von irgendeiner Sendestation Dinge aufzeichnet.«

»Aber da war und ist nichts«, lächelt Paulussen.

»Aber das Tollste ist ja, daß es von Raudive auch eine Schallplatte gibt. Denn er hat 1976, also noch zu Lebzeiten, ein Buch über die Kommunikation mit den sogenannten Toten geschrieben. Und er hat eine Schallplatte aufgenommen, auf der er Kommentare zu seinen Aufnahmen spricht. Man kann jetzt die Stimme des lebenden Raudive mit jener Totenstimme aus dem Jenseits vergleichen. Um die 20.000 Schallplatten gab es im Handel. Der Vergleich der Schallplattenstimme mit der appartiven Bandstimme ist verblüffend. In der Schweiz lebt noch Raudives Sekretärin. Ihr hat man zumindest die Luxemburger Stimmen vorgeführt, um eine fachkundige Meinung zu haben. Sie sagte: „Es ist eindeutig."

Ich meine, Raudive war ein Lette, mit einem schweren, tiefen ‚R' und einem tiefen Baß. Seine Redeweise ist sehr schwer nachzumachen. In Luxemburg kommt die Stimme aus einem Apparat, an dem nichts angeschlossen ist.

Die Kritiker stellen sich vor, da müßte irgendwo ein Sender und ein versteckter Empfänger im Gerät sein. Und jemand müßte mit Raudives Stimme neuartige Texte senden. So lautet die Betrugshypothese. Das ist eine ein bißchen harte Unterstellung.«

»Man muß noch dazu sagen, daß bei dieser Aufnahme, die Sie gerade hörten, auch Dr. Determaier und Dr. Locher aus der Schweiz sowie ein Franzose und ein Amerikaner anwesend waren. Nach diesem Monolog von Dr. Constantin Raudive meldete sich ein sogenannter Techniker aus dem Jenseits. Er sprach erst in Deutsch, wiederholte den gleichen Text dann in Englisch und anschließend in Französisch. In der gleichen Stimmlage.«

»Der Techniker ist eine Intelligenz, die in der uns erfahrbaren Zeit keinen Körper hatte«, sagt Kage, worauf Paulussen meint: »Aber er hat auch versucht, sich auf dem Videoband als Bild zu manifestieren. Er hat es versucht, was sehr viel Energie kostete. In der unteren Ecke des Bildschirmes war er zu sehen. Er versuchte immer stärker, sich zu zeigen. Damit verschwand aber auch die Energie des Sprechens. Er und überhaupt das Jenseits sind Energie. Und wenn die Jenseitigen ein Bild von oben senden, dauert der Bildaufbau manchmal bis zu zehn Minuten, da dieser Vorgang eine wahnsinnige Kraft kostet.«

»Auf Video?«, fragt der Mann.

»Ja.«

Paulussen zu Kage: »Ich weiß nicht, ob du die letzten Bänder vom Februar schon gesehen hast.«

»Vermutlich habe ich sie gesehen.«

»Mit den Schiffen, die in den Hafen einlaufen.«

»Nein«, sagt Kage, »die habe ich nicht gesehen.«

»Die habe ich auch da. Sie sind sechs Minuten lang. Die Luxemburger sind schon sehr weit. Sie treten in die Fußstapfen von Klaus Schreiber. Er war der erste, der transvisuelle Bilder vom Jenseits bekam. Auch die Jenseitigen entwickeln oben die Möglichkeiten weiter, vermehren die Energiefelder.

Es gibt die Aussage von oben: „Es wird der Tag kommen, an dem ihr zum Telefonhörer greift und mit der jenseitigen Welt Kontakt aufnehmen könnt. Wir arbeiten daran. Ihr werdet diejenigen sein, die Wissenschaftler dazu bringen, diese Geräte zu entwickeln. Aber bevor die Wissenschaft so weit ist, werdet ihr schon im Besitz dieser Geräte sein."

Genau genommen sind diese Leute, die heute die Transkommunikation betreiben, die Vorreiter für die Ingenieure und Wissenschaftler, die später einmal diese Geräte bauen werden. Nur, was die dann bauen, ist schon wieder überholt, weil diese Leute, die dafür bestimmt sind, schon wieder viel weiter sein werden.«

»Wenn man alles zu Ende denkt, immer weiter spult, dann gibt es irgendwann überhaupt kein Diesseits und Jenseits mehr«, breitet die Frau ihre Gedanken aus.

»Richtig. Wissen Sie, wie lang Ihr jetziges Leben sein wird? Was meinen Sie? Schätzen Sie!«

»Gehen wir von einer vernünftigen Zahl aus. 75, 76.«

»Ihr Leben ist beinahe nichts.«

»Im Verhältnis zur Gesamtzeit«, schaltet sich der Mann wieder ein.

»Zum Leben im Jenseits. Dieses Leben auf Erden ist nur so viel.«

Der Mann möchte nun endlich auf sein Buch zu sprechen kommen.

»Nun hat ‚er‘ in dem Buch gesagt, daß unsere Vorstellung von der Entstehung der Welt, dem sogenannten Urknall, sehr zutreffend sei und daß die Dauer der Welt die Zeit ist, bis die Energie des Urknalls verbraucht ist und aufgrund der Anziehungskraft die Planeten wieder zusammenlaufen. Dies wird auch von einigen namhaften Physikern so eingeschätzt. Ich habe mich wegen des Buches in die Fachliteratur eingelesen. Ich will mich jetzt nicht auf die Milliarden Jahre festlegen. Nur hat ‚er‘ gesagt: „Ihr habt das eigentlich ganz gut geschätzt."

Und dann würde ‚er‘ mit seiner Seele genauso untergehen wie das gesamte Universum. So steht es im Pendeltext. Der Zeitrum wurde mit insgesamt 40 Milliarden Jahren angegeben. Darüber läßt sich natürlich streiten. Doch was mir dabei als wichtig erscheint, ist die Aussage, daß das Universum endlich und nicht unendlich ist.«

»Da ist auch noch eine Frage«, überlegt Kage.»Denn wenn hier der Zyklus von 20 oder 40 Milliarden Jahren, so genau nehmen wir das nicht, zu Ende ist, beginnt in der Parallelwelt wieder ein neuer Zyklus. D.h., wenn hier alles verschwindet, kann in einem zweiten, nach unten gehenden Pendelschlag, wieder von vorne begonnen werden.«

»Nach ,seiner' Definition nicht.«

»Ich weiß. Aber diese Aussagen sind eben nur ein Ausschnitt.«

»Wenn Paulussen sagt«, wirft die Frau ein,»daß ein Buch von einer Seele diktiert worden ist, die Böses und Unfrieden stiften will, und wir auf die Nase gefallen sind, dann muß man auch davon ausgehen, daß die ganzen Angaben nicht stimmen.

»Vielleicht stimmen auch 70 %, wie Manfred glaubt. Aber man muß davon ausgehen, daß alles nicht stimmt.«

Kage verneint. »Alles ist nicht falsch, z. B. die Angaben über die Druckerei, die haben tatsächlich gestimmt. Man muß nicht davon ausgehen, daß nichts stimmt. Nur der Typ im Jenseits stiftet Verwirrung. Verwirrung besteht ja nicht aus lauter Falschheit, sondern in einer wohlabgewogenen Mischung aus Richtig und Falsch. Das ist die Folgerung, meine ich jedenfalls. Aber fragen wir einmal einen Fachkundigen dazu, z. B. Constantin Raudive.«

Paulussen und Kage tauschen ihren Sitzplatz. Paulussen fällt in Trance und sagt nach einer Weile:

»Liebe Freunde! Ich grüße euch bei unserem Medium Peter. Es geht bei euch um eine heikle Angelegenheit, die Klärung und Rechtfertigung bedarf. Es wurde im Materiellen sehr großes Unrecht getan. Wir distanzieren uns im ganzen von allen gemachten Angaben. Hier wurde bewußt ein Mensch betrogen. Wir von unserer Ebene bemächtigen uns nicht materieller Gegenstände, um Informationen zu übermitteln. Wir bedienen uns anderer Gegenstände und Personen. Mit Gegenständen sind Geräte wie Transvideo oder Tonband zur Transkommunikation gemeint. In der anderen Transkommunikation bemächtigen wir uns der von uns bestimmten und genannten medial begabten Personen, die auch in verschiedene Kategorien zu unterscheiden sind.

Wir haben es nicht nötig, über Gegenstände wie Pendel, Tisch, Glas, Metallstab und sonstiges etwas mitzuteilen. Hier sind andere

Kräfte und Mächte am Werk, die in unserer Ebene nicht vorhanden sind. Wir nennen die Ebenen, wo diese Informationen herkommen, die schwarze Ebene, die gegenüber der reinen und geistig hochentwickelten Ebene keinen Bestand hat.

In diesem Sinne und auch in diesen Geschehnissen ist Unrecht geschehen, wobei den ausführenden Organen in materieller Hinsicht großer Schaden zugefügt worden ist, der sich aber in einer Zeit, die wir noch benennen werden, korrigieren läßt und korrigiert wird. Wir wollen nicht, daß es auf diese Art und Weise Fehlinformationen und Fehlbekanntmachungen gibt, die nicht der Realität und Wahrheit, sei es in der Vergangenheit und auch in Zukunft, entsprechen.

Wir in unserer Ebene unterliegen einer Information, die wir von einer höhergestellten Persönlichkeit erhalten, die wir in eure Seinsebene weitergeben. Kontakte werden nur über die schon genannten Gegebenheiten und über die in Zukunft noch zu benennenden Geräte hergestellt werden können.

Es wird auch vor Ende dieses Jahrhunderts, um das Jahr 1995, einen großen Einbruch in der Literatur der Vergangenheit — der Weltliteratur — geben. Korrekturen in einem großen Umfang werden vorgenommen werden müssen. Es werden viele Einstellungen von heute in einem großen Maße korrigiert werden. Es wird ein Umdenken innerhalb eurer Ebene stattfinden, wobei es dabei in manchen Bereichen zu Verfeindungen kommen wird.

Wir von unserer Stelle werden zu gegebener Zeit gegenüber den Personen, die diese Informationen erhalten sollen, frühzeitig informativ tätig werden. Zum jetzigen Zeitpunkt ist es noch zu früh, Unruhe in die Allgemeinheit zu bringen. Dazu sind wir nicht berechtigt. Wir wollen nur eines: daß es in der gesamten geschichtlichen Literatur eine Umwandlung zur Wahrheit geben wird. In der Vergangenheit wurde in allen Bereichen viel verfälscht. Sei es in der Literatur, im geistigen oder wissenschaftlichen Bereich.

Auch in der Chemie wird es eine große Veränderung geben, wobei die Chemieforschung einen weiten Schritt zurück in die Natur gehen wird. Die Natur ist die Mutter aller Bestandteile. Ihr seht, wir verfügen jetzt schon über das Wissen, was kommen und was sich ereignen wird.

Wir werden zu gegebener Zeit, wie schon erwähnt, Kontakt aufnehmen, um detaillierte Mitteilungen in dieser Hinsicht zu geben.

Wir möchten diesen Informationskontakt jetzt beenden. Wir möchten zum Abschluß noch einmal klar und deutlich zum Ausdruck bringen: Wir distanzieren uns von den bis jetzt getätigten Aussagen, die über ein materialbeständiges Pendel, das nicht von uns kam, gemacht worden sind. Wir garantieren aber, daß es eine Wiedergutmachung geben wird und daher die Beteiligten mit einem sehr geringen Schaden davonkommen werden. Es sind materielle Werte, die für uns nicht von Bedeutung, aber für euer irdisches Dasein wichtig sind. Wir werden hier hilfreich zur Seite stehen. Wir danken für den kurzen Kontakt. Beenden Kontakt.«

»Wer war der Transkommunikator? Wer hat gesprochen?«, fragt Kage.

»Mein Name ist Svenjen Salter. Ich bin diejenige, die die Transkommunikation derzeit zu eurer Seinsebene aufrecht hält. Da wir an einer neuen Transkommunkationsbrücke arbeiten, ist ein derzeitiger Kontakt zu Dr. Constantin Raudive nicht möglich. Auch unser Freund Burton kann sich momentan nicht melden. Zur Zeit müßt ihr mit mir vorlieb nehmen. Dir, lieber Freund Manfred, bin ich bekannt, und du hast auch von mir schon jenseitige Bilder erhalten. Ich danke für den Kontakt. Wir beenden.«

»Herzlichen Dank, Svenjen Salter. Bis gelegentlich wieder«, verabschiedet sich Kage und erklärt, während Paulussen langsam zu sich kommt:

»Francis Burton. Mit seiner Hilfe wurde zeitweise die „Burton-Brücke" errichtet. Diese Burton-Brücke war aber anfällig, ist eingebrochen, und hat somit selbst in deren Transkommunkationsanlage Unfrieden gestiftet. Jetzt versuchen sie, das ganze Ding total auseinanderzunehmen und wieder von neuem aufzubauen. Dabei gibt es immense Schwierigkeiten.

Eine der Schwierigkeiten ist die Zeitstromangleichung, d. h., daß deren Frequenzen anders laufen. Manchmal sind sie zu weit vorn, manchmal zu weit zurück. Dann finden die uns nicht, weil sie in unserer Vergangenheit sprechen, wo wir dann schon weiter sind. Es ist also ein heilloses Durcheinander. Und jetzt versuchen die das in den Griff zu bekommen.«

»Das heißt also«, sagt die Frau, »auch über diese Kommunikationswege gibt es ,schräge Vögel', die versuchen, etwas Negatives zustande zu bringen. Und auch du oder ihr im weitesten Sinne seid gefährdet.«

»Immer«, bestätigt Kage. »Alle technischen Dinge sind gefährdet. Die reinste und perfekteste elektronische Anlage ist eben gegen irgendwelche Einbrüche nicht vollständig immun. Das ist genauso, wie jedes beliebige Telefongespräch abgehört werden kann.«

Sind diese schrägen Vögel das, was man als Teufel bezeichnen kann?, frage ich provozierend.

»Das ist viel zu primitiv.«

Primitiv?

»Ja. Es gibt eine ganze Riesenebene. Da sind auch ein paar verstorbene Kardinäle dabei, die nicht wollen, daß die katholische Kirche in ihrer Machtfunktion angegriffen wird, was natürlich trotzdem geschieht.

Wenn man Constantin Raudive zuhört, klingt das genauso wie euer Text. So weit liegen beide Informationen gar nicht auseinander. Das muß ich noch einmal wiederholen. Nur distanzieren sich die Jenseitigen von den Zeitangaben. Sie distanzieren sich nicht von allen Informationen. Das wird deutlich unterschieden.

Wir müßten nur viel länger Zeit haben. Paulussen ist natürlich, wenn er so eine Runde hinter sich hat, wieder fix und fertig. Das kostet ihn viel Energie. Da muß er erst wieder hochkommen. Wir haben mit denen natürlich auch schon lange Debatten geführt. Doch es bleiben immer wieder neue Fragen übrig, und die sagen zu mir immer: „Lieber Freund, du hast noch tausend Fragen. Das sind wir gewohnt. Die beantworten wir alle, aber eines nach dem anderen."

Das ist verständlich. Denn nach jedem Gespräch tauchen neue Fragen auf: Was meinten die genau? Wenn Svenjen jetzt z. B. gesagt hat: „Wir distanzieren uns von ...", meinte sie, vom gesamten Text? Den hat sie ohnehin nicht zu verantworten. Oder distanziert sie sich von der Übertragung der Zukunftsvoraussagen?«

»Es ist nicht so«, meint der Mann, »daß man sagen könnte, es ist ein in sich geschlossener runder Textbeitrag, der keine Frage mehr offen läßt. Sondern es wird nur ein Teil gesagt, vieles bleibt offen.«

»Ich will noch einmal betonen«, wiederholt Kage, »die Hauptarbeit ist im Grunde eine Bewußtseinserweiterung für euch beide. Die besteht darin, Teilaspekte des gesamten Spektrums zu überblicken und nicht auf der einen Linie, wie noch vor ein paar Wochen, herumzualbern. Das ist das Problem. Ich wiederhole also nochmal: Die Teilaspekte des gesamten Spektrums sind das Zueinanderstehen der Kommunikationsbereiche der anderen Seite, die Realität der verschiedenen Ebenen, auch der dunklen, der schwarzen. Die schwarze Ebene ist die zweite Ebene nach Meyer, die niedere Astralwelt, wie das die Esoteriker oder auch die Okkultisten nennen, dort wo die Dämonen oder sonst welche Figuren ebenfalls ihr Unwesen treiben.«

Der Mann und die Frau gehen. Zuvor bekommen sie noch den Rat, weiterzuarbeiten, jedoch nicht mit dem Pendel.

Kapitel 10

Freitag, 23. Juni 1989.

Paulussen hat sich von den Sitzungen wieder völlig erholt. Ich denke noch immer an die Heilung des Jugoslawen.

Auch Dr. med. Hochenegg aus Tirol hat große Heilerfolge. Seine Praxis wird von Patienten aus Deutschland, der Schweiz, England, Italien und anderen Ländern aufgesucht. Immer sind es Leute, denen die Schulmedizin kaum mehr helfen kann. Das Geheimnis Dr. Hocheneggs: er besitzt eine Energie, die seinen Händen entströmt. Man spürt sie wie einen leichten elektrischen Schlag und hört auch ein Knistern. Wie in Trance geht Dr. Hochenegg von Patient zu Patient und hilft. Seine Praxis ist vom frühen Morgen bis oft spät in die Nacht hinein geöffnet.

Wie haben Sie Dr. Hochenegg kennengelernt?, frage ich Paulussen.

»Im Juli 1986 saß ich mit meiner Frau und einem Besuch zusammen, als meine Großmutter folgendes mitteilte: „Johänken, ich habe dir eine wichtige Mitteilung zu machen. Du wirst bald die große ausländische Persönlichkeit kennenlernen, die wir vor langer Zeit angekündigt haben. Diese Persönlichkeit ist ein Arzt. Mit ihm werden wir dich zusammenführen. Dieser Arzt verfügt über eine Fähigkeit, die für euch unbegreiflich ist und die auch nicht in euer System und euer Denken paßt. Dieser Arzt ist einer von uns, er wird von uns geleitet und geführt. Wir werden dich mit diesem Arzt zusammenführen und möchten dich jetzt schon darauf vorbereiten. Diese Bekanntschaft wird für dich von Wichtigkeit sein. Alles ist schon in die Wege geleitet. Denke auch an die Worte, die wir dir einmal gesagt haben: Du wirst viele Freunde, aber auch viele Feinde haben. Menschen werden zu dir stehen, und andere werden dich hassen." Wir haben uns das Gesagte aufgeschrieben.

Mittlerweile kamen bereits sehr viele Menschen zu mir, die ärztliche Hilfe benötigten. Eines abends, als ich im Fernsehen die Sendung „Unglaubliche Geschichten" von Rainer Holbe sah, in der ein Arzt namens Dr. med. Leonhard Hochenegg vorgestellt wurde, sprang ich auf und rief ganz laut: „Das ist der Mann, der in meinem Leben eine große Rolle spielen wird. Das ist der Mann."

Ich habe mir die Sendung zu Ende angesehen und nahm dann den Kontakt zu meiner geliebten Oma Gertrud auf: „Siehst du, Johänken", sagte sie, „der Kreis hat sich geschlossen. Das ist der Mann, der in deinem Leben eine wichtige Rolle spielen wird. Nimm mit diesem Mann Kontakt auf."

Ich nahm mit Dr. Leonhard Hochenegg aus Hall in Tirol Kontakt auf. Zunächst schickte ich ihm Leute, die krank waren und die zu mir kamen. Das war 1987. Bis dato kannte mich Dr. Hochenegg persönlich noch nicht.«

Ich blätterte in meinen Gesprächsprotokollen. Dr. Hochenegg hatte mir die erste Begegnung aus seiner Sicht dargestellt:

»Ich lernte Paulussen durch Patienten kennen, die über ihn gekommen waren und einen Zettel bei sich hatten, auf dem die Krankheit schon beschrieben war. Auch Therapiemöglichkeiten und Behandlungsdauer sowie der Zeitpunkt der endgültigen Heilung waren aufgeführt. Das erregte bei mir Interesse an Paulussen. Ich bekam von einem Patienten die Adresse und rief ihn an. Paulussen sagte mir, er hätte mich durch eine jenseitige Stimme kennengelernt, die gesagt hat, dieser und jener Patient soll zu Dr. Hochenegg gehen. Über den Bürgermeister von Innsbruck ist Paulussen zu meiner Adresse gekommen.

Am Telefon sagte er, daß er im Geist schon öfters hier in meiner Praxis gewesen ist, und hat mir dann, obwohl er noch nie hier war, die einzelnen Räumlichkeiten ganz genau beschrieben. Ein halbes Jahr später habe ich eine Einladung zu einem Kongreß nach Lanzerote auf den Kanarischen Inseln bekommen. Für diese Reise hat mir Paulussen einiges vorausgesagt: Wen ich dort treffen werde, mit wem ich sprechen werde und wie das Hotelzimmer aussehen wird: Aus dem Fenster sieht man im Hintergrund auf Berge, fünf, sechs weiße Villen; im Vordergrund sind Vulkanhügel, einer ist pyramidenförmig, der nächste ist flach, und im Hintergrund geht eine Straße vorbei, rechts vor dem Haus befindet sich ein kleines Gebüsch. Er hat dann Einzelheiten genannt, die man nur wissen kann, wenn man auf Lanzerote war. Aber Paulussen hat das alles von seinem Studierzimmer aus, vor seinem geistigen Auge gesehen. Auch die genaue Anzahl der Fenster von meinem Schlafzimmer aus hat Paulussen vorausgesagt.«

Er war nie in Lanzerote?

»Er war nie dort und hat auch nicht gewußt, in welches Hotel ich kommen werde, trotzdem hat er es genau beschrieben. Den Namen des Hotels hat er nicht gekannt, aber er gab an, wieviele Türen es im

1. Stock weiter rechts oder weiter links gab, wie viele Stufen in mein Zimmer führten. Das hat er vor seinem geistigen Auge alles ganz wirklichkeitsgetreu wahrgenommen.«

Das war ein Beweis für Sie, daß er mit dem Jenseits in Kontakt steht?

»In Verbindung mit dem Jenseits steht und daher außergewöhnliche Fähigkeiten besitzt.«

Paulussen weiter:»Ich habe mehrere Anläufe genommen, um zu ihm zu fahren. 1987 hat es nicht geklappt, es sollte noch nicht sein. Im Frühjahr 1988 versuchte ich es wieder, es sollte noch immer nicht sein. Im Juli 1988 fuhr ich dann mit meiner Frau nach Hall in Tirol und meldete mich abends telefonisch in seiner Praxis. Ich bekam Dr. Hochenegg sofort ans Telefon und sagte ihm: „Mein Name ist Paulussen. Ich bin in Hall. Wann darf ich zu Ihnen kommen, Herr Doktor?" Und er sagte: „Bitte kommen Sie um 23 Uhr.«

Dr. Hochenegg beschreibt diese Begegnung so: »Paulussen hatte den Eindruck, als ob er mich schon lange kennen würde, und wir haben uns auch gleich mit dem Vornamen angesprochen. Es war so, als ob wir uns jahrzehntelang oder aus einem früheren Leben kennen würden. Wir haben dann über das Jenseits Erfahrungen ausgetauscht. Von Anfang an verstanden wir uns sehr gut.«

Was waren das für Erfahrungen?

»Paulussen hat mir von seinen Kindheitserlebnissen erzählt, als ihm seine Großmutter erschienen war und mit ihm gesprochen hatte. Ich hatte ähnliche Erlebnisse. So gab es einen regen Erfahrungsaustausch.«

Wieder Paulussen: »Da ich mit meiner Frau in einem nahen Hotel übernachtete, war es bis zur Praxis nur ein paar Minuten. Ich mußte noch etwa 10 Minuten warten und wurde dann hineingelassen. Nach weiteren zehn Minuten kam Dr. Leonhard Hochenegg in das Behandlungszimmer. Ich drehte mich um. Wir sahen uns nur ganz kurz an, dann sagten wir wie aus einem Mund: „Der Kreis hat sich geschlossen."

Jetzt stand ich diesem Menschen, der mir von der jenseitigen Welt prophezeit worden war und der in meinem weiteren Leben noch eine sehr große Rolle spielen sollte, gegenüber. Diese wichtige Rolle würde sich nicht nur auf den Arzt konzentrieren. Er sollte ein Freund werden. Auch seine Frau, Fatima, ist sehr wichtig. Ich bin unseren jenseitigen Freunden, unserem Schöpfer, unserem lieben Gott, unserem Herrn Jesus Christus und seiner Mutter — unserer aller Mutter — sehr dankbar, diesen Mann kennenlernen zu dürfen. Im Laufe unserer gemeinsamen Zeit übermittelte ich ihm zahlreiche Botschaften aus der jenseitigen Welt.

Unterdessen intensivierte sich 1987 der Kontakt zu der jenseitigen Welt. Speziell der Kontakt zu Dr. Constantin Raudive, der in meinem Leben und auch für Dr. Hochenegg wichtig sein sollte.«

In Hall führte ich mit Dr. Hochenegg ein längeres Gespräch.

Welche Fähigkeiten, glauben Sie, hat Paulussen?

»Er hat bei bestimmten Leuten das Todesdatum ganz genau vorausgesagt, z. B. zu einem Patienten hat er gesagt, er soll sich doch bei mir behandeln lassen, damit seine Schmerzen vergehen. Aber am Karfreitag um 16 Uhr müßte er dann ins Jenseits übertreten und würde ohne Schmerzen sterben.«

Hat er das nur Ihnen gesagt, oder auch dem Patienten?

»Dem Patienten hat er gesagt, es würde in der Karwoche eine kleine Besserung, eine kleine Erleichterung eintreten. Was weiter geschehen werde, hat er nicht gesagt, außer daß er schmerzfrei sein würde, und schmerzfrei war der Patient am Karfreitag auch. Dann ist er einfach sanft eingeschlafen und ohne Todeskampf in die jenseitige Welt hinübergegangen.«

Er kann also das Todesdatum voraussehen, kann seinen Körper verlassen, um irgendwo anders zu sein.

»Und er kann mit dem geistigen Auge dort alles wahrnehmen und dann ganz wirklichkeitsgetreu wiedergeben.«

Was ist dieses geistige Auge?

»Vielleicht ist das der Astralkörper, der mit dem leiblichen Körper ganz locker verbunden sein kann.«

Ist es irgendwie vorher angekündigt worden, daß Sie mit ihm zusammentreffen?

»Ich selbst habe das gespürt. Ich spüre manchmal auch Ereignisse, die auch irgendwie vom Jenseits geschickt werden. Mir scheint, daß Paulussen ein Mittler zwischen dem Diesseits und dem Jenseits ist. Und ich habe gleich gespürt, daß ich mit so einem Menschen einmal in Verbindung treten werde.«

Wie stehen Sie mit dem Jenseits in Verbindung?

»Schon als Kind habe ich ab und zu gespürt, daß es eine jenseitige Welt gibt. Aber ich habe das nie so richtig ernstgenommen, weil ich mit beiden Beinen auf der Welt stehe.«

Können Sie über Patienten auch Diagnosen und andere Informationen über Tonband oder andere Geräte erhalten?

»Paulussen schickt mir ab und zu Kassetten, auf denen Informationen über Patienten aufgezeichnet sind. Etwa, welche Naturheilmittel am besten wirken würden oder in welchem Zyklus bestimmte Behandlungsmethoden anzuwenden sind. Ich mache dann körperliche Untersuchungen bei dem Patienten und spüre auch, daß das, was vom Jenseits vorgeschlagen wird, eine ideale Verbindung darstellt, eine ideale Ergänzung zur herkömmlichen Medizin.

Manchmal schreibt mir Paulussen Botschaften, in denen er beispielsweise sagt, daß Punkt ein Uhr jemand kommen wird, der eine Narbe über der rechten Augenbraue hat. Dieser Mann brauchte dringend Hilfe, und ich solle die Behandlung dreimal zwanzig Minuten durchführen, dann sei der Krebs aufgelöst und die Metastasen verschwunden. Oder einmal sagte Paulussen, es würde eine Frau kommen, die Brustkrebs habe. Ich werde sie an den dunklen braunen Augen und an der auffallenden Frisur erkennen.

Tatsächlich ist diese Frau gekommen. Es handelte sich eindeutig um die Frau, von der Paulussen gesprochen hat, obwohl diese Frau aus England stammte und nicht aus Deutschland kam, sondern direkt von London nach Innsbruck geflogen war und auch in Deutschland keinen einzigen Bekannten habe. Sie sprach weder Deutsch noch eine andere Sprache als ihre Muttersprache. Paulussen kann kein Englisch.

Das ist wieder ein Beweis dafür, daß durch eine Person aus dem Jenseits über diese Frau Auskunft gegeben worden ist.

Einmal ist von Paulussen ein Patient angekündigt worden, der um zwei Uhr mit Brustbeschwerden aufgrund einer Bluterkrankung kommen sollte. Um fünf vor zwei ist ein Patient gekommen. Er hatte ähnliche Beschwerden. Ich habe jedoch im medizinischen Lexikon nachgesehen, und es war nicht dieselbe Diagnose wie jene von Paulussen. Doch um Punkt zwei Uhr, genau zur vereinbarten Zeit, ist der richtige Patient mit der zutreffenden Diagnose gekommen.

Das Erstaunliche war, daß dieser Patient mit dem Auto gekommen war. Er steckte jedoch in einem Stau und hat ungefähr ein, zwei Stunden an der Grenze warten müssen. Aber genau zum vorausberechneten Zeitpunkt, den Paulussen angegeben hatte, ist dieser Patient bei mir erschienen.

Er hat gesagt: „Hier sind meine Befunde. Ich habe diese und jene Krankheit, und ich möchte jetzt eine Woche hierbleiben, um gesund zu werden." Und genau zum vorausgesagten Zeitpunkt nach drei Monaten war von dieser Bluterkrankung nichts mehr nachweisbar. Die Lungenaufnahmen haben keine Metastasen mehr ergeben, die Mediastinalaufnahmen, die Untersuchung vom Mediastinum, dem Raum im Brustbein, waren völlig unauffällig. Und das ist erstaunlich, denn Paulussen hatte diesen Mann nicht gekannt, nie zuvor gesehen.«

Hat Paulussen die Diagnosen mit lateinischen Namen benannt?

»Die Diagnosen erstellte er auf deutsch. Das hat manchmal zu Unklarheiten geführt. Aber ich habe ein sehr genaues medizinisches Lexikon, und darin werden auch unklare deutsche Ausdrücke sehr genau definiert. Paulussen wählte zuerst eine volkstümliche Bezeichnung der Krankheiten, und das stimmte mit der lateinischen Bezeichnung, die im Befund stand, überein.«

Für Behandlungen ist Paulussen sehr wichtig. Wenden Sie sich im Zweifelsfalle auch an ihn?

»Zu mir in Behandlung kommen Patienten, die von der Schulmedizin nichts mehr zu erwarten haben. Denn wenn jemand zwanzig Jahre im Rollstuhl ist, kann er von der Schulmedizin nichts mehr erwarten, denn hier ist deren Weisheit vollkommen am Ende. In solchen Fällen gibt es nur mehr Linderung, Schmerzbeseitigung, aber nicht mehr Heilung. Das heißt, wenn die irdischen Mittel am Ende sind, müssen überirdische Mittel eingesetzt werden, um irgendwas erreichen zu können. Denn man kann nicht jemandem, der schon jahrelang Cortison bekommen hat, ein neues Medikament geben. Um noch einen Effekt zu erreichen, braucht man etwas, das aus einer anderen Dimension stammt.«

Hat Paulussen Ihnen beispielsweise auch Rezepte genannt?

»Er hat mir einmal Rezepte durchgegeben, und die Leute waren mit diesen Rezepten sehr zufrieden. Ich habe eine Vergleichsstudie mit herkömmlichen Mitteln gemacht. Doch die Mittel, die aus dem Jenseits durchgegeben worden sind, haben besser und schneller gewirkt, und sie hatten weniger Nebenwirkungen. Das gilt besonders für Hauterkrankungen wie Neurodermitis, Psoriasis und für die Schuppenkrankheit.«

Die Behandlung erfolgt dabei auch durch Cremes?

»Die Leute bekommen Cremes, die reizfrei und cortisonfrei sind und trotzdem eine gute Wirkung haben.«

Stehen Sie mit dem Jenseits enger in Verbindung?

»Nicht in dem Ausmaß wie Paulussen, aber ich höre sehr viel auf Eingebungen, die aus dem jenseitigen Bereich kommen. Ich kann Ihnen einen Fall erzählen. Ich habe bei jemanden Blutwäsche gemacht und dabei ist der Patient in Schwierigkeiten geraten, weil seine Leberfunktionsproben schlecht waren. Auch hat er Ozon nicht vertragen. Ich hatte mich eine halbe Minute abgewendet, nicht aufgepaßt, und in dem Augenblick spürte ich, wie eine Hand aus dem Jenseits mich zu dem Patienten zurückführte. Ich erkannte die Lage des Patienten und stellte das Gerät sofort ab. Der Patient hat gesagt: „Gott sei Dank, mir ist gerade schlecht geworden.“

Durch diese jenseitige Führung habe ich rechtzeitig gesehen, daß diese Methode für den Patienten nicht die richtige war und habe eine andere Methode angewandt, die gut angeschlagen hat.«

Wie hat sich die Beziehung zu Paulussen entwickelt?

»An Paulussen wenden sich sehr viele hilfesuchende Menschen. Bisher hat er schon mindestens fünfzig, sechzig Leute zu mir geschickt. Alle waren sehr zufrieden, vielen konnte ich wirklich helfen. So besteht eine rege Beziehung zwischen Westfalen und Tirol. Die Leute bestellen auch Cremes, Salben und Tinkturen.«

Haben Sie schon vorher gewußt, daß es im Jenseits ein Ärzteteam gibt, das Ihnen zur Seite steht?

»Das habe ich schon vorher gespürt, oft sehr plötzlich, ganz instinktiv, wenn ich z. B. das richtige Medikament ausgesucht habe. Ich habe zuerst gespürt, jetzt muß ich dieses homöopathische oder jenes biologische Mittel geben, und plötzlich habe ich drüber nachgedacht und andere Leute um Rat gefragt, die sich besonders gut auf diesem Gebiet auskennen. Dann habe ich stets diese jenseitige Eingebung, die vermutlich von dem Ärzteteam stammt, bestätigt gefunden. Diese Therapievorschläge sind verifiziert und auch durch den Heilerfolg bestätigt worden.«

Daß es ein Ärzteteam gibt, das haben Sie erst durch Paulussen erfahren?

»Ja. Paulussen hat mir gesagt, daß mir ein Ärzteteam hilft, und er hat ein paar Namen genannt.«

Wer gehört zu diesem Team?

»Ganz berühmte Ärzte, z. B. Dr. Sauerbruch.«

Können Sie ganz kurz erklären, wer das war?

»Sauerbruch war ein berühmter Chirurg, der vor ungefähr zwanzig oder dreißig Jahren gestorben ist und der in den Vierziger und in den Fünfziger Jahren sehr erfolgreich operiert und neue Operationsmethoden gefunden hat. An dem Tag, als ich die Mitteilung bekam, daß ein Ärzteteam hinter mir stehe, das mir aus dem Jenseits helfe, habe ich in einer Buchhandlung ein Buch gekauft, das mir sozusagen entgegengesprungen ist. Ich habe das Buch plötzlich vor mir gesehen, habe es durchgeblättert. Darin waren vier von diesen fünf Ärzten, die mir von Paulussen genannt worden waren, mit ihrer Lebensgeschichte beschrieben. Das Buch habe ich gelesen und gespürt, daß eine Beziehung zu diesen Personen bestand. Diese Beziehung ist recht angenehm. Schon beim Lesen im Buch waren mir diese Leute sehr symphatisch, nicht nur aufgrund der Lebensbeschreibung, sondern es bestand einfach ein inneres Band, das mich mit ihnen verband.

Mir scheint, immer dann, wenn ich schwierige Patienten mit schwierigen Diagnosen vor mir habe, bekomme ich eine Hilfe, die ich sonst nie bekommen hätte, wenn ich nicht diese Beziehung zu diesem Ärzteteam aufgenommen hätte und bejahen würde.«

Es sind also vier Ärzte?

»Ich weiß jetzt die Namen nicht auswendig, aber ich habe die Bilder mit den Namen gesehen und weiß auch, daß für jede Krankheit einer von diesen vieren verantwortlich ist.«

Gibt es noch irgendein gemeinsames Erlebnis mit Paulussen, das sehr wichtig für Sie war?

»Paulussen hat einmal über jedes meiner sieben Kinder gesagt, was die Zukunft ihm bringen, welchen Weg das Kind gehen und was es beruflich machen werde. Und dann, ich habe es nicht geglaubt, sagt er meinem ältesten Sohn: „Du wirst Mediziner."

Ich verneinte: „Nein, der hat daran kein Interesse."

Am folgenden Tag kommt das Kind zu mir und sagt: „Papa, haben die kleinen Kinder genauso viele Knochen wie die Erwachsenen?" Dann hat er noch ein paar Fragen gestellt, von denen ich ableiten konnte, daß er sich mit dem menschlichen Körper beschäftigt. Er stellte Fragen, die ein Kind in diesem Alter gar nicht stellen kann, weil das Interesse normalerweise nicht vorhanden ist. Er hat medizinische, anatomische, physiologische und pathophysiologische Fragen gestellt, die für dieses Alter ganz ungewöhnlich sind. Während ich seine Fragen beantwortete, dachte ich: „Paulussen hat doch recht."«

Wird Ihr Sohn Ihr Erbe übernehmen?

»Paulussen hat das vorausgesehen. Er sagte auch, daß mein Sohn auf dem Gebiet der Naturheilkunde vielleicht noch mehr Erfahrung haben wird als ich, daß er aber bei den geistigen Heilmethoden nicht so gut sein wird. Seine Methodik wird einen anderen Stil als meine aufweisen. Auch in den angewendeten Methoden wird ein kleiner Unterschied zu bemerken sein.«

Sie haben sicher schon Kontakt mit anderen Medien gehabt. Hat Ihnen niemand den Kontakt zwischen dem Jenseits und dem Diesseits herstellen können?

»Ich hatte früher Bekannte, die ebenfalls hellhörig und hellsichtig waren und über eine gesteigerte Wahrnehmungsfähigkeit verfügten. Aber eine richtige Beziehung, so eine haarscharfe Verbindung zwischen Diesseits und Jenseits hat eigentlich nur Paulussen. Alle anderen haben intuitiv erfaßt, daß es ein Jenseits gibt. Doch exakte Botschaften vermitteln, das kann nur Paulussen.«

Soweit das Gespräch mit Dr. Hochenegg. Auch Paulussen sieht die Verbindung zu Dr. Hochenegg nicht nur ‚beruflich‘.

»Zu ihm habe ich eine sehr freundschaftliche Beziehung. Er bekommt von mir Informationen mitgeteilt, die mir von einem Ärztegremium im Jenseits durchgegeben werden. Ich sage immer Ärztegremium. Es handelt sich dabei um Ärzte, die auf dieser Welt gelebt haben, die sich jetzt als Verstorbene in einer Gruppe zusammengeschlossen haben und speziell für Dr. Hochenegg da sind. Sie geben mir beispielsweise Mitteilungen über Behandlungsmöglichkeiten für Dr. Hochenegg durch.«

Wer sitzt in dieser Gruppe?

»Das weiß ich nicht. Dr. Hochenegg ist das in einer Schriftform mitgeteilt worden. Ich weiß nur zwei Namen: Gustav Nußbaum, 1944 in Auschwitz umgekommen, weil er sich nicht an der Euthanasie beteiligen wollte, und Robert Koch. Noch drei weitere Wissenschaftler, Kapazitäten, Ärzte, beteiligen sich an dieser Arbeit. Soviel ich weiß, waren diese drei Personen ausländische Ärzte.«

Wie steht Dr. Hochenegg mit dem Jenseits in Verbindung? Einerseits durch Sie, andererseits durch Tonband ...?

»Er bekommt durch Tonbandtranskommunikation Informationen. Doch den Großteil der Informationen, 90% etwa, gebe ich ihm durch. Mir wird von oben immer gesagt: „Du bist unser Medium. Du hast die Pflicht und die Aufgabe, das, was wir dir jetzt mitteilen, umgehend unserem Freund Leonhard mitzuteilen. Es ist für ihn wichtig und von Bedeutung."

Ich habe schon versucht, diese Aufzeichnungen, die ich in Trance niederschrieb, zu photokopieren, doch jedes Mal, wenn ich die Zettel kopieren will, versagen nagelneue Kopierapparate. Das Papier ist schwarz. Als mir das einmal passiert ist, habe ich es in einem anderen Geschäft noch einmal zu kopieren versucht, doch die Kopie war wieder schwarz. So hindert man mich daran, diese Papiere in meine Dokumentenmappe mit aufzunehmen, da sie eben persönlich für Dr. Hochenegg bestimmt sind. Damit soll ich mich nicht belasten.«

Darauf folgt ein Plädoyer für die natürlichen Heilmethoden:

»Wir Menschen haben uns im Laufe der Jahre von der pharmazeutischen Industrie abhängig gemacht. Chemie steht bei uns an höchster Stelle. Und wir nehmen mittlerweile für jedes kleine Wehwehchen Chemie.

Ich kann mich an einen Maurer auf einem Bau erinnern. Der Maurer hat sich mit dem Hammer versehentlich auf die Finger geschlagen, und der Finger war an der Stelle regelrecht geplatzt. Wenn das jemand anderem passiert wäre, der wäre zum Doktor gelaufen: „Chemie drauf!"

Der Maurer hat etwas anderes getan. Er hat sich hingestellt und auf den Finger gepinkelt. Er sagte: „Etwas Besseres gibt es gar nicht."

Ihm standen die Tränen in den Augen, so höllisch brannte das, aber das Bluten hat sofort aufgehört. Durch die Harnsäure im Urin wird die Wunde desinfiziert und der Heilungsprozeß schnell herbeigeführt. Es ist etwas im Urin, das der menschliche Körper zum Heilungsprozeß produziert.

Ich habe ihn gefragt: „Woher wissen Sie das so genau?"

„Ach, das ist ein altes Hausrezept. Das habe ich von meinem Großvater."

Darüber habe ich mich mit Ärzten unterhalten, die sagten: „Ja, es ist richtig. Es gibt nichts Besseres."«

Ist es richtig, daß es das Ziel der Jenseitigen ist, den Menschen zur Natur, zu den alten Heilmitteln, zurückzuführen?

»Ja. Die Erfolge vervielfältigen sich auch.«

Kapitel 11

Als ich beim Mittagessen Paulussen gegenüber sitze, fällt mir ein, daß an diesem Tisch möglicherweise auch Nostradamus sitzt. Paulussen glaubt, daß er eine Teilinkarnation von Nostradamus sei. Im Frühjahr, während unserer Gespräche in Tirol, haben er und ich es erfahren.

Man bezeichnet Sie dort oben als Volltrancemedium, das von außen weder beeinflußbar noch steuerbar ist. Das heißt, man kann Sie nicht hypnotisieren. Die Jenseitigen bestimmen, was gemacht wird und wie Sie sich zu verhalten haben, nicht Sie selbst. Haben Sie in vielen Situationen nicht Angst vor sich selbst? Fragen Sie sich nicht: „Bist du das überhaupt noch?"

»Das frage ich mich sehr oft. Wo bleibt das Ich? Wer bin Ich? Wer ich bin, welcher Jenseitige in mir ruht, das weiß ich nicht. Das Geheimnis kennt Dr. Hochenegg. Das Geheimnis sollte Mitte dieses Monats gelüftet werden. Es ist versäumt worden. Er hat nochmal einen Auftrag bekommen, es mir jetzt zu sagen, und er wird es heute nachmittag tun. Deswegen bin ich mit ihm heute nachmittag in Mils. Er verfügt dort über eine Dokumentation, die Aussagen von oben enthält.«

Wer hat das geschrieben? Sie?

»Das ist von oben durch mich geschrieben worden, in Trance. Daher weiß ich nicht, was darin steht. Dr. Hochenegg hat den Text unter Verschluß, und ich bin überzeugt, daß er heute das Geheimnis lüften wird, wer oftmals in mir steckt. Meine Wahrnehmungen beziehungsweise diese Voraussagen von mir gehen mittlerweile bis ins kleinste Detail. Das muß irgend jemand außer meiner Großmutter, Constantin Raudive und außer meinem Vater von oben beeinflussen. Es muß noch eine andere Person sein, die aus mir heraus spricht. Ich weiß nicht, wer es ist, der in mir ruht, in mir schläft und mir Sachen zeigt, die einfach nicht zu erklären sind. Woher weiß ich, daß die Flugzeugabstürze passieren werden, wie damals die Flugzeugkatastrophe in Deutschland, als zum Jahresende dieser Jumbo abstürzte? Woher weiß ich das alles? Dies ist das Geheimnis, und das wird gelüftet.«

Das soll, wie Sie mir sagten, am 31. passieren?

»Am 31. dieses Monats. Bis dahin muß das Geheimnis um mich gelüftet sein.«

Wer sagt das?

»Von oben kam diese Aussage. Wird es nicht gelüftet, werde ich nicht selbst Hand an mich legen, aber dann wird meine Uhr gestoppt. Doch ich glaube, Dr. Hochenegg weiß, daß er das Geheimnis lüften muß.«

Ihr Leben liegt in seiner Hand?

»Ja. Mein Leben liegt momentan in seiner Hand. Und ich habe keine Angst davor. Ich für meinen Teil wäre froh, wenn er es nicht sagen würde. Dann könnte ich hinaufgehen und hätte meine Ruhe.«

Ich stellte an Dr. Hochenegg diesbezüglich im nachhinein folgende Frage:

Woher weiß Paulussen genau, daß in ihm Nostradamus steckt? Sie haben ihm diese Information gegeben?

»Als Paulussen einmal bei mir in Mils in meinem Haus war, hat er gesagt, zu diesem und jenen Datum wird ein Bergsturz stattfinden und diese Gegend verwüsten. Dann hat er nach Norden geblickt und gesagt: "Dieser Berg wird in drei, vier Jahren nur mehr halb so hoch sein."

„Wird dieser Berg auf das Dorf herunterstürzen?"

„Nein, dieser Berg ist inwendig hohl und wird nach Norden abbrechen."

Dann habe ich genau gewußt, das ist richtig, denn so eine Prophezeiung hat mir mein Englischlehrer vor dreißig Jahren einmal gemacht, und ich selbst weiß, daß dieser Berg hohl und hinten konkav ausgehölt ist und bei einem Stoß oder einer Erschütterung nach hinten zusammenbrechen würde, so daß für den Ort, in dem ich wohne, diesbezüglich wenig Gefahr besteht.

Anschließend gab er eine genaue Erklärung, warum das so ist, warum dieses Gebiet gefährdet ist, welche geologischen Kräfte da wirksam wären ...«

Und er hat, glaube ich, auch gespürt, daß jemand in ihm stecken muß, daß es mehr ist als ein normales Vorhersagen, hat aber nicht gewußt, wer in ihm steckt.

»Ich habe gespürt, daß Nostradamus in ihm steckt. Denn ich kenne alte Kupferstiche, auf denen Nostradamus abgebildet ist. So habe ich zu Peter gesagt: „In dir ist Nostradamus."

Das wollte er zuerst nicht glauben. Dann habe ich gesagt: „Manchmal hast du eine Ausdrucksweise gewählt, in der altfranzösische Reste vorhanden sind, Grammatik oder Syntax, als ob ein alter Mann aus dir sprechen würde, der vor einigen Jahrhunderten gelebt hat."

Peter war das noch gar nicht aufgefallen. Aber ich habe ihm Einzelheiten genannt, und daraufhin hat er mir geglaubt, daß Nostradamus aus ihm spreche. Er war jedoch gar nicht überrascht. Das war nur eine Bestätigung für das, was Peter schon geahnt hatte.«

Gibt es darüber schriftliche Dokumente? Hat es ein Datum gegeben, bis zu welchem Sie ihm das sagten mußten?

»Er hatte mir den Zeitpunkt auf das Papier geschrieben, wobei er gar nicht wissen konnte, was er in Trance notiert hatte. Dann hatte ich gesagt: „Peter, jetzt muß ich dir etwas sagen. In dieser Botschaft, die du von Costa Raudive bekommen hast, steht, daß in dir Nostradamus ist."«

Und auf dem Dokument war das Datum notiert?

»Ja. Das Datum stand darauf.«

Gutachten von Univ.-Prof. Dr. Ulrich Wandruszka, Vorstand des Institutes für Romanistik an der Universität Klagenfurt:

»Für die Annahme, daß H.P. Paulussens Deutsch in den einschlägigen Passagen Strukturmerkmale des Altfranzösischen aufweise, lassen sich aus sprachwissenschaftlicher Sicht meines Erachtens keine konkreten Hinweise finden.

Da es sich um formal ganz unterschiedliches Sprachmaterial handelt, wären solche Hinweise allenfalls in der Bevorzugung bestimmter syntaktischer Strukturmuster und Wortstellungstypen zu erwarten, die für das Altfranzösische charakteristisch und für das Neuhochdeutsche eher ungewöhnlich wären. Derartiges kann ich in den mir vorliegenden Auszügen jedoch nicht erkennen. Erschwerend kommt hinzu, daß die altfranzösische Syntax und Wortstellung in mancher Hinsicht der deutschen eher ähnlicher war als die neufranzösische, und damit entsprechende Übereinstimmungen zwischen dem Altfranzösischen und dem Neuhochdeutschen keine Beweiskraft besitzen.

Etwaige Abweichungen der Sprache von H.P. Paulussen von der neuhochdeutschen Umgangssprache sind u.a. einfach auf universelle Charakteristika der hier in Frage stehenden Textsorte (Prophezeiungen) zurückzuführen.«

Die Sprache alleine ist also noch kein Beweis, daß aus Paulussen zeitweise Nostradamus spricht. Der wahre Beweis wird sein, wenn alles eintrifft. Doch dazu heißt es, geduldig zu warten.

Warum ist diese Ankündigung auf diesem komplizierten Weg geschehen? Warum nicht direkt?

»Warum auf diesem komplizierten Weg? Weil Dr. Hochenegg eine Person ist, die von oben durch geistige Führer geleitet wird. Weil er der Sache sehr positiv gegenübersteht und sich selbst mit der Materie sehr intensiv auseinandersetzt.«

Haben Sie eigentlich das erstemal von Dr. Hochenegg gehört, daß in Ihnen Nostradamus steckt?

»Ja, durch Dr. Hochenegg. Ich habe mir über viele Dinge keine Gedanken gemacht, habe gesagt, gut, dann ist das eben so. Bis ich dann durch Dr. Hochenegg erfahren habe, daß in mir oft Nostradamus steckt. Unabhängig davon habe ich noch am gleichen Abend einen Anruf von Manfred Kage erhalten, der mir das auch bestätigte. Damit war für mich alles klar.«

Was ist eine Teilinkarnation?

»Das heißt, Nostradamus kann jederzeit in meinen Körper hineingehen oder mich wieder verlassen. Das ist eine Teilinkarnation. Er kommt in meinen Körper, spricht, handelt, wie auch immer, und geht dann wieder. Er bleibt nicht ständig in mir.«

Was fühlen Sie dabei?

»Was ich dabei fühle, kann ich Ihnen nicht sagen. Ich registriere es zum größten Teil einfach nicht. Es passiert einfach. Es kommt dann immer darauf an, wie die Umwelt reagiert.«

Wie merken Sie es?

»Wie soll ich das beschreiben? Wie merken Sie Schmerz? Indem es weh tut. Nur tut es nicht weh, wenn Nostradamus kommt. Es ist etwas sehr Eigenartiges. Mein Verhalten verändert sich. Meine Gestik verändert sich. Das ist, was ich bemerke.«

Ist das nicht in gewisser Weise ein Aufdrängen?

»Nein, überhaupt nicht. Wenn sich Nostradamus meldet, haben die Jenseitigen ihren Grund dafür. Ich bin eben das vermittelnde Organ, das Sprachorgan für die Jenseitigen.«

Trotzdem, wenn sich jetzt sogar Ihre Gestik verändert, ist das doch ein Eingriff in Ihre Persönlichkeit.

»Das ist keine negative Gestik. Ich schade keinem Menschen. Ich verletzte niemanden. Das ist ein Verhalten, das sehr eigenartig ist.«

Haben Sie nicht Angst um Ihre Persönlichkeit?

»Nein. Ich bin anschließend genau so, wie ich vorher war. Ich bleibe immer der Alte. Nur in dem Moment bin ich eben jemand anderes, aber im Positiven, nicht im Negativen. Ich würde keinem Menschen etwas Böses tun, ihn verwünschen oder hassen, überhaupt nicht. Im Gegenteil: Ich empfinde dann sehr oft Mitleid mit den Menschen, die mir gegenüber sitzen. Es gibt Situationen, in denen ich sogar weinen muß. Nach einem Volltranceerlebnis bin ich ein ganz anderer Mensch.«

Nach Ihrer Weltanschauung muß Nostradamus vorher und vielleicht auch später wieder − unter einem anderen Namen − gelebt haben. Wie kann man also sagen, daß man mit Nostradamus spricht?

»Warum es Nostradamus ist? Weil er sehr viel aus seinem persönlichen Leben preisgegeben hat, das nur er wußte. Er stellte sich mit dem Namen vor: „Mein Name ist Michel Nostra Damus. Ihr benennt mich irrtümlicherweise als Nostradamus. Das ist falsch."«

Wo ist das geschehen?

»Das war eine ganz eigenartige Begebenheit. Wir saßen in Österreich in einer Gruppe beim Essen und unterhielten uns. Plötzlich legte ich mein Besteck weg und sagte, daß ich in anderen Räumlichkeiten sei und beschrieb den Raum.

„Ich stehe in einem Erker, in den eine Treppe führt."

Das Licht kam von einem sehr großen, offenen, geschwungenen Fenster. Hinter diesem Fenster stand eine Art Fernrohr. Es gab damals eine andere Bezeichnung dafür. Eine riesengroße Weltkugel war dort, Zirkel, Lineale, viel Pergament. Im Raum stand auch eine Truhe. Darin waren auch geistliche Utensilien. An der Wand hingen Skizzen. Das Pergament war mit einem Kohlestift beschriftet. Und dann die Person selbst, wie sie angezogen war. Das Markante war sein Seitenbeutel, so eine Tasche, die er trug, gefüllt mit Pergament zum Aufzeichnen. Er hatte sehr wuchtige Schlüssel und auch einen Zirkel in dieser Tasche.«

Und Sie haben ihm gegenübergestanden?

»Ja, ich habe diese Person gefragt: „Wer bist du?"

Diese Person sagte: „Ich komme in dich, zu Zeiten, die mir auferlegt und bestimmt werden. Ich spreche aus dir, und jetzt ist es an der Zeit, dir zu zeigen, wie ich lebte, was ich tat. Es ist auch an der Zeit, meinen Namen zu nennen, aber ich nenne ihn so, wie ich genannt wurde. Mein Name ist Michel Nostra Damus. Ich bin in eurer Zeit nur unter dem Namen Nostradamus bekannt. Es ehrt mich sehr, so genannt zu werden, aber zu meiner Zeit wurde ich eben anders genannt."«

Woher hat Nostradamus sein Wissen bezogen? Waren das wirklich astrologische Deutungen?

»Der machte astrologische Deutungen, verfügte über Hellsichtigkeit und konnte sehr weit in die Zukunft vordringen.

Er sagte immer: „Heute würdet ihr dieses Phänomen als eine moderne Zeitmaschine beschreiben. Diesen Begriff kannten wir damals nicht. So wie viele Ausdrücke, die ihr in eurem heutigen Sprachgebrauch verwendet, für uns einfach nicht brauchbar waren.«

Warum war es ein großes Geheimnis, daß er oft in Ihnen steckt?

»Warum das ein Geheimnis war? Es durfte einfach nicht früher preisgegeben werden. Doch ich selbst fing an, über vieles nachzudenken, grübelte über vieles, wunderte mich.«

Zum Beispiel?

»Dieses sehr weite Schauen in Zeiten, in denen ich nicht mehr leben werde, das hat mich sehr irritiert. Ich habe darüber auch mit Dr. Hochenegg gesprochen. Und dann kam der Zeitpunkt, wo Nostradamus bereit war, sich zu erkennen zu geben, indem er sagte: „Jetzt ist der Zeitpunkt gekommen, wo du alles verstehen und begreifen wirst."«

Es gibt zahlreiche Bücher über Nostradamus. Sind diese Interpretationen eigentlich richtig?

»Nostradamus hat alles in Versform verfaßt. Er sagte z. B.: „Blecherne Vögel oder eiserne Vögel werden am Himmel erscheinen, werden Feuer herunterwerfen." Oder so ähnlich.«

Ist er jetzt eigentlich anwesend?

»Bitte?«

Spreche ich jetzt mit Ihnen oder mit Nostradamus?

»Teils, teils. Die Erde, der Himmel wird brennen, Feuer wird am Himmel sein. Er konnte damals nicht anders ... – ich konnte es damals nicht anders formulieren. Mir fehlte eure jetzige Satzgestaltung, und mir fehlte auch das Umsetzen des Wissens in eure Sprachform.«

Ist damit der Weltuntergang gemeint?

»Der Untergang ist falsch interpretiert worden. Er hat nicht den Weltuntergang gesehen.«

Sondern?

»Untergang heißt, daß es eine Verschiebung dieses Planeten geben wird, in der heutigen Zeit sprecht ihr von dem Polsprung. Das wird eine Verschiebung der Kontinente zur Folge haben. Er wird vor allem im Nordbereich, also Hamburg, Dänemark, Schweden, starke Auswirkungen haben. Es werden ganze Landstriche, Städte, die an der Küste liegen, von der Bildfläche verschwinden.«

Ein Teil von Deutschland?

»Ein Teil von Deutschland verschwindet im Wasser.«

Wann wird das ungefähr der Fall sein?

»Im ersten Jahrzehnt des neuen Jahrtausends.«

Im ersten Jahrzehnt?

»... des neuen Jahrtausends. Was steht in dem Buch, das Sie über Nostradamus gelesen haben?«

Dieser Autor spricht von siebenundfünfzig Jahren Frieden.

»Wie lange haben wir jetzt schon Frieden? Vierzig Jahre?«

Weltfrieden.

»Weltfrieden.«

Und zwar schreibt er im großen und ganzen: Heinrich der Große, Heinrich der Glückliche ...

»Er ist schon geboren. Er wird da sein, im ersten Jahrzehnt des neuen Jahrtausends. Er lebt schon.«

In diesem Buch wurde nach den Angaben Nostradamus' sein Geburtsdatum nachgerechnet. Demnach müßte er erst am 11.8. 1999 geboren werden.

»Er lebt schon. Da sind die Zeitbegriffe, die Zeitumsetzungen, bei denen wir es mit der Umsetzung nicht so genau genommen haben. Dieser Welt-, Europakaiser, der Eurokaiser, wie man ihn auch nennen wird, lebt schon. Er ist jetzt ein Knabe von drei Jahren. Er wird als ganz junger Mensch für Ruhe und Ordnung sorgen.«

Im Buch steht als Schlagwort: Arabische, von China unterstütze Aggression gegen Südeuropa.

»Wurde auch falsch interpretiert. Ich habe es so ausgesprochen: Das muselmanische Reich wird versuchen, die Weltherrschaft an sich zu reißen. Diese Weltherrschaft wird durch einen erbitterten Krieg gestoppt. Es werden nicht diese Städte und diese Kontinente der Vernichtung preisgegeben, wie man es übersetzt hat. Die Vernichtung wird im Glauben liegen, nicht im Materiellen. Das ist die wortwörtliche Übersetzung. Wenn Sie sich wieder ein Buch von Nostradamus kaufen, von einem anderen Verlag, werden Sie feststellen, daß Widersprüche vorhanden sind.

Auch in der Zeitberechnung gibt es in verschiedenen Büchern verschiedene Ansichten. Es gibt niemanden in eurer Zeit, der befähigt ist, meine Zeitberechnung, die ich damals anstellte, genauestens wiederzugeben. Ich hatte eine andere Zeitrechnung, nicht die eure.«

Wann wird Heinrich der Glückliche zum König von Frankreich gekrönt werden?

»Gekrönt wird Heinrich der Glückliche 2007, als ganz junger Monarch.«

Die chinesische Invasion? Wird es die geben?

»Es gibt einen Ausspruch von mir, der in keinem Buch der Übersetzung Beachtung gefunden hat. Ich gebrauchte einmal diese Worte: "Die gelbe Gefahr wird die Rettung eures Kontinents sein."«

Was ist damit gemeint?

»Da es im asiatischen Raum zu einer immensen Überbevölkerung kommen wird, werden Völker aus diesen Gebieten in euren Konti-

nent einwandern und sich hier einleben. Es wird sehr viele Mischge-
meinschaften geben, was aber für euch von Wichtigkeit und Bedeutung sein wird. Es wird eine Reinheit des Blutes, eine Reinheit im
Geiste, im positiven Denken geben. Es wird keine Gefahr für euch
sein, sondern eine Hilfe. Die Gefahr wird von dem Muselmanischen
Reich kommen. Dieses arabische Reich wird auch das, was ihr heute
als Heiligen Stuhl bezeichnet, vernichten. Diesen Sitz wird es nicht
mehr geben. Es wird eine Flucht der Geistlichkeit in den Schoß eures Europakaisers geben. Ich habe damals das Wort „Heinrich der
Glückliche" geprägt. Er heißt Henri, das ist richtig. Aber das Wort
‚Glücklich' heißt soviel wie ‚zufrieden sein'. Er wird zufrieden sein,
da er den Frieden, die Ruhe, die Eintracht und vor allen Dingen die
Besonnenheit liebt.«

*Wie wird er sich durchsetzen? Es muß doch einen Krieg geben,
wenn er die ganze Welt beherrschen wird?*

»Es wird einen Krieg geben, aber es wird ein Glaubenskrieg sein.
In diesem Glaubenskrieg werden auch Waffen eingesetzt. Aber dieser Glaubenskrieg wird mit Worten, mit Eintracht und Freundschaft
zerschlagen. Das würde ich auf jeden Fall noch erleben.«

*Ist es richtig, daß er der Welt siebenundfünzig Jahre Frieden
schenken wird? Völligen Weltfrieden?*

»Der Weltfrieden wird viel länger anhalten, da die Völker erkennen werden, daß es nur durch Frieden in Eintracht und in Harmonie
ein gemeinsames Existieren und Miteinanderleben geben kann. Das
wird für die Zukunft euer höchstes Gut sein. Strebt das als euer
höchstes Ziel an. Frieden im Glauben, Frieden im Geiste, Friede im
Gesamten.

Siebenundfünzig Jahre. Es ist nie die Rede von siebenundfünzig
Jahren gewesen. Hier wurde meine Deutung falsch interpretiert.
Genauso wie man auch meinen Todestag in verschiedenen Variatio-
nen falsch interpretiert hat. Ich bin nicht durch Krankheit gestorben. Ich habe mich Stunden vor meinem Heimgang von meinen
Freunden verabschiedet und habe mich dann entschlossen, in die
andere Welt einzugehen. Ich wurde verhöhnt. Ich habe Monate vorher gesagt, wann ich diese Welt verlassen werde. Man hat mich verlacht. Sogar mein eigener Maitre hat an meinem Geist gezweifelt. Er
wurde aber am Tage meines Ablebens eines Besseren belehrt.«

Ich habe mich etwas mit Nostradamus beschäftigt . . .

»Sie sind nicht der einzige. Das hat auch Kage getan.«

Und? Was sagt Kage?

»Er hat sich mit maßgeblichen Historikern unterhalten. Er hatte das Band laufen lassen an dem Abend, als ich mit Nostradamus in seiner Vergangenheit zusammentraf. Meine Beschreibung der Räumlichkeiten stimmt mit wissenschaftlichen Untersuchungen überein.«

Kapitel 12

Es wurde in einer Ihrer Durchsagen mitgeteilt, daß es zur Umkehr noch nicht zu spät sei?

»Nein, zur Umkehr ist es nicht zu spät. Die Menschen sind aber nicht bereit, aktiv zu werden, bevor nicht eine Änderung von außen kommt. Man hat uns viele Zeichen gesetzt, viele Mahnungen gegeben. Wir haben das einfach ignoriert.«

Wie könnte so eine Umkehr aussehen?

»Indem wir anfangen, bewußter zu leben, bewußter mit den Mitmenschen, mit den Tieren und Pflanzen umzugehen. Wir haben eine Verantwortung für unsere Kinder und Kindeskinder übernommen. Was hinterlassen wir ihnen? Ein Chaos.«

Doch wie kann eine Umkehr rein praktisch aussehen?

»Man muß endlich aufhören, in die Natur so zerstörend einzugreifen. Wir verbauen die Natur immer weiter, ohne viel darüber nachzudenken. Ein Teil der Vegetation wird vernichtet. Die Räume werden für Mensch und Tier immer beengter.«

Aber die Menschen scheinen nicht bereit dazu?

»Nein. Die Menschen denken nur an ihren materiellen Vorteil.«

Wo wird das hinführen?

»Wo wird das hinführen? Die Natur wird nicht mehr bereit sein, das hinzunehmen und wird sich durch Erdbeben, Überschwemmungen usw. rächen. Dahin wird es führen. Alles fällt wieder auf uns zurück.«

Rächt sich die Natur, oder ist es Gott bzw. die Jenseitigen?

»Die Natur kann nur das machen, wofür sie von oben den Auftrag bekommt. Es wird so eine Art moderne Sintflut sein.«

Besteht die Rache in einer Sintflut?

»Keine Sintflut schlechthin, das ist es nicht. Man kann uns Menschen einfach nur noch durch brutale Zeichen klarmachen: Leute, an dem was jetzt passiert, seid ihr selbst schuld. Sehen Sie, wenn man uns etwas wegnimmt, können wir uns wehren. Nimmt man aber einem Tier in der freien Wildbahn den Raum weg, der ihm zusteht, kann sich das Tier nicht wehren. Entweder es stirbt oder sucht sich ein anderes Revier. Und wir haben noch nie in unserer Weltgeschichte so viele Artenvernichtungen gehabt wie in diesem Jahrhundert. Jede Kreatur hat das Recht auf Fortbestand. Wir Menschen nehmen uns alle Rechte heraus. Sind wir nicht auch den Tieren und Pflanzen gegenüber verantwortlich?«

Und wo wird das hinführen, wenn jetzt die Natur zurückschlägt? Es gibt Sience-Fiction-Filme, in denen die Zukunft als Steinzeit gezeigt wird.

»Nein, es wird keine Steinzeit geben. Aber es wird ein Teil der Menschen dafür mit dem Leben bezahlen müssen. Wir haben nicht verstanden, mit dem Erbgut, das man uns hinterlassen hat, umzugehen. Wir begehen einfach tagein, tagaus Raubbau. Ich bin gestern mit Dr. Hochenegg den Berg hinaufgefahren. Ich war erschüttert, mitansehen zu müssen, wie Waldungen einfach abgeholzt werden. Welche Korrosionsschäden schon in den Bergen feststellbar sind! Wie viele Risse es gibt und wie sich da und dort bereits Erdmassen langsam in Bewegung gesetzt haben, das ist erschütternd, traurig und furchtbar zugleich.

Und mit welchem Recht? Nur um noch mehr zu haben? Nur um oben am Hang ein Wochenend-Haus hinzustellen, von dem man eine bessere Aussicht genießen kann. Alles nur, um sagen zu können: „Ich habe ein Wochenend-Haus in 2000 m Höhe, direkt am Hang."?«

Wo wird es diese Erdbeben geben?

»In Italien werden Erdbeben Küstenregionen verwüsten. Im Mittelmeerraum wird es Wasserbeben geben. In Italien gibt es einen Vulkan, der momentan nicht aktiv ist, der aber wieder aktiv wird. Auch die BRD sowie Österreich und die Schweiz werden von sehr vielen Naturkatastrophen heimgesucht werden. Überschwemmungen, Erdbeben. Diese letzten Orkane, die wir jetzt erlebten, waren nur Vorboten für zukünftige, stärkere.«

Welche Schäden werden auftreten?

»Schäden, die in unserem menschlichen Gedankenempfinden und Umsetzungsvermögen gar nicht einzuordnen sind. Es sind Schäden, die wir mit unserem Geist nicht begreifen und verstehen können.«

Zum Beispiel in Österreich soll es ein großes Erdbeben geben. Wann wird das sein?

»Bevor das neue Jahrtausend anbricht, wird es das Erdbeben geben. Ich könnte das genaue Datum nennen, aber ich möchte nicht Unruhe in die Bevölkerung bringen. Das Recht habe ich nicht.«

Und da wird Tirol betroffen sein?

»Sehr massiv die Tiroler Alpenregion. Es zieht sich bis Italien, nach Bozen und Meran hinunter, Salzburg. Villach wird auch noch heimgesucht. In Friaul wird es wieder große Zerstörungen geben. Es wird sehr verheerend sein.«

Werden sich die Menschen durch diese Erdbeben ändern?

»Es bleibt ihnen nichts anderes übrig, als bewußter mit der Natur, mit der Kreatur zu leben.«

Wie lange wird das dauern?

»Es wird sehr lange dauern. Erst Heinrich der Glückliche wird viele Veränderungen durchsetzen. Er wird hart durchgreifen und den Menschen klarmachen: Hier ist Feierabend, so dürft ihr nicht weitermachen. Dieser Mensch ist geboren. Dieser Mensch ist französischer Abstammung, kommt aus einem französischen Adelsgeschlecht. Unter ihm wird es eine Euromonarchie geben, nicht mehr diese Regierungen, wie es sie bis dato gibt. Es wird nur noch Parlamentarier, Abgesandte, geben, die Anordnungen ausführen. Es wird eine Gemeinschaft unter den Völkern geben.«

Also Europa in Form dieser Euromonarchie steht auf der einen Seite. Wer steht auf der anderen? Amerika?

»Amerika wird eine böse Katastrophe erleben. Los Angeles wird es nicht mehr geben. Diese Stadt wird vollkommen vom Erdbeben verschwunden sein.«

Ein Erdbeben?

»Ein Erdbeben, das irrsinnige Ausmaße annimmt. Die Stärke des Erdbebens wird nicht mehr mit der Richter-Skala meßbar sein. Dagegen sind die Erdbeben, die es Anfang des 20. Jahrhunderts gab, nichts. Es wird in den Staaten irrsinnige Überschwemmungen geben, ganze Landstriche werden jahre- und jahrzehntelang unter Wasser stehen.

New York selbst wird durch Flüchtlingszuwachs so dicht besiedelt sein, daß es kaum mehr Luft zum Atmen gibt und die Versorgung zusammenbrechen wird. Europa wird der Kontinent sein, der Amerika mit den lebenswichtigen Gütern versorgen wird.«

Wird die Bevölkerung von Los Angeles gewarnt werden?

»Los Angeles ist schon in den letzten Jahren sehr oft gewarnt worden. Es ist in einschlägigen Kreisen der Wissenschaft bekannt, daß ein verheerendes Erdbeben über Los Angeles kommen wird. Das ist auch publik gemacht worden. Aber was tut die Bevölkerung? Sie baut nach wie vor auf Teufel komm raus. Sie ignoriert es.«

Könnte es verhindert werden?

»Nein. Das Volk läßt sich nicht beeinflussen und will es auch nicht. Den Amerikanern ist es wichtig, heute super gelebt zu haben, und was morgen passiert, ist ihnen egal. Bewußtes Leben gibt es für den Amerikaner nicht. Der Amerikaner selbst hat auch keine eigene Kultur. Alles, was er hat, sind angeeignete Kulturen. Die Ureinwohner, die Kultur hätten bringen können, hat er vernichtet.«

Kann man sagen, wann das passieren wird?

»Es wird Ende dieses Jahrhunderts geschehen.«

Wird um diese Zeit auch die Euromonarchie gegründet werden?

»Nein, die Euromonarchie wird im neuen Jahrtausend beginnen. So zwischen 2015 und 2020.«

Was passiert mit Rußland?

»Rußland wird ein Land sein, das nach allen Seiten offen ist. In Rußland wird es keinen Kommunismus und keine Diktatur mehr geben. Es wird so sein wie heute im Westen.«

Europa aber wird durch die Monarchie nicht mehr so frei sein?

»Europa wird durch die Monarchie noch freier als jetzt sein. Es gibt eine Einheitswährung. Es wird keine Schlagbäume mehr geben. Europa wird vereinigt sein.«

Und das kommt der Natur zugute?

»Ja. Es gibt jetzt mittlerweile schon Gruppen, die sich sehr stark dafür einsetzen.

Es wird zu dieser Thematik Anfang der Neunziger Jahre einen Lehrstuhl an der Universität in Bonn geben, wo namhafte Wissenschaftler und namhafte Kapazitäten Ökowissenschaftler ausbilden, die für das ökologische Gleichgewicht sorgen. Es gibt eine Gruppe, die jetzt dabei ist, sich zu etablieren. Auch namhafte Persönlichkeiten aus Industrie, Wirtschaft, Politik und aus der Bevölkerung arbeiten aktiv mit. Vor kurzem gab es im Fernsehen eine Diskussion, in der diese Leute sich und ihre Ziele vorgestellt haben.«

Und diese Gruppe wird es schaffen?

»Die schaffen das, ja. Sie werden zwar jetzt genauso belächelt wie einst Greenpeace. Man hat über Greenpeace gesagt: „In einem halben Jahr sind die weg. Die vernichten wir."

Die Leute haben es uns jedoch bewiesen. Die können nicht mehr weggelächelt werden. Mit welchem Recht maßen wir uns auch an, Leute wegzulächeln?

1983 fragte meine Frau die Jenseitigen durch mich, ob es eine Wiedervereinigung zwischen den beiden deutschen Staaten geben wird und ob die Mauer dabei fällt. Von oben wurde gesagt: „Ihr seid näher dran, als ihr denkt. Ich seid sehr nahe dran. Es wird mit Schwierigkeiten verbunden sein, aber beiderseitige zwischenmenschliche Beziehungen setzen sich durch. Es siegt Vernunft und Verstand.«

Wie wird die Wiedervereinigung weitergehen?

»Es wird in diesem Jahrzehnt im gesamten sozialistischen, kommunistischen Bereich irrsinnige Reformen geben, die die Menschen und die Länder, die es betrifft, nicht umsetzen können. Es kommen noch viele Komplikationen auf uns zu.«

Warum soll auf die derzeit recht positive Lage ein Sieben-Tage-Krieg, von dem Sie einmal gesprochen haben, folgen?

»Das Eigenartige ist, daß die DDR-Bevölkerung die neue ‚Freiheit', dieses Nicht-mehr-geführt-sein, nicht umsetzen können wird. So setzt wieder eine Bevormundung ein, und durch diese Bevormundung kommt es zum Krieg.«

Wird die DDR und die BRD schon vereinigt sein?

»Es wird ein Gesamtdeutschland geben. Man geht praktisch durch das Land, das von Russen besetzt war, durch. Man marschiert durch Erfurt durch und besetzt den Teil Deutschlands, den man jetzt als BRD bezeichnet.«

Wird der Sieben-Tage-Krieg die Euromonarchie einleiten?

»Dieser Sieben-Tage-Krieg wird noch nicht die Euromonarchie einleiten. Dafür ist die Zeit noch nicht reif. Denn dieser Krieg wird schon Ende dieses Jahrhunderts stattfinden.«

Welche Staaten werden davon betroffen sein?

»Ganz massiv Deutschland, ein Zipfel von Dänemark. Österreich wird auch einen Schlag abbekommen, aber nur als Ausläufer zur deutschen Grenze hin. Man kommt sogar nur bis zur Schweizer Grenze, weiter nicht.«

Wer kommt?

»Die Russen kommen. Es gibt zwei Einmarschpunkte in Deutschland. Oben im hessischen und im Kasseler Raum. Einen weiteren Einmarschpunkt gibt es von der Tschechoslowakei her. Die Punkte sind schon fixiert.«

Gibt es dafür in Rußland schon Pläne?

»Ja, die Pläne liegen schon in der Schublade.«

Warum wird man das machen? Das Klima scheint doch momentan sehr ausgeglichen zu sein.

»Das ist die Ruhe vor dem Sturm.«

Wird Gorbatschow seine Politik nicht durchsetzen?

»Perestrojka und Glasnost wird er nicht so durchsetzen, wie er es gerne möchte. Aber er ist auf dem Wege, eine Idee zu verwirklichen, das Land offener zu machen, dem Volk viel mehr Möglichkeiten zu geben. Er ist ein sehr fähiger Mann. Er wird auch nicht der Mann sein, der diesen Krieg entfacht. Das werden die Generäle im Generalstab sein, die sich einfach über ihn hinwegsetzen, die einfach sagen: „Jetzt geht es los, Kameraden, jetzt ist Zeit".«

Wird Gorbatschow gestürzt?

»Gorbatschow wird gestürzt und später von der Bevölkerung umgebracht. Weil das Volk der Meinung ist, er wäre derjenige gewesen, der den Krieg entfacht hat. Das ist aber nicht richtig. Man wird später erst erfahren, daß er es nicht war. Aber dann kann man ihn nicht mehr zusammenflicken. Es wird ein wahnsinniges Blutbad unter den Offizieren geben. Ein Wahnsinnsblutbad. So etwas hat Rußland in seiner größten Revolution noch nicht erlebt.«

Und Amerika wird nicht einschreiten?

»Was können die Amerikaner anders als Bla-Bla sagen.«

Kann man über diesen Mann noch etwas sagen, der in Frankreich schon lebt?

»Er ist geboren. Er ist jetzt etwa ein Jahr alt, wurde also letztes Jahr geboren.«

Hat er besondere Fähigkeiten, wie Sie als Medium?

»Nein, hat er nicht. Er ist ein besonnener Mensch, der nichts Unüberlegtes macht, der einfach seiner inneren Stimme folgt und nicht davor zurückschreckt, einen Krieg zu beginnen. Er wird einen Glaubenskrieg führen. Die Muselmanen geben keine Ruhe. Die Mohammedaner versuchen, die Unruhe, die in Europa herrscht, zu nutzen, um sich auszubreiten. Aber dieses Vorhaben mißlingt. So wie sie kommen, werden sie auch zurückgeschlagen. Dafür sorgt dieser Euromonarch.«

Von wem wird er gelenkt? Vom Jenseits? Oder von der Muttergottes?

»Er muß von oben gelenkt werden, sonst würden die Jenseitigen nicht schon jetzt über ihn Auskunft geben.«

Gibt es jemanden bestimmten, der ihn lenkt? Zum Beispiel die Muttergottes?

»Das ist jetzt noch nicht zu sagen. Es findet jetzt an diesem jungen Erdenwesen eine Arbeit, eine Schulung statt. Man arbeitet an ihm, um aus ihm ein ausführendes Organ für die jenseitige Welt zu machen.«

Wird dieser Franzose Kontakt zum Jenseits haben?

»Ja. Er wird hervorragend beraten sein von Leuten, die einen starken Kontakt zum Jenseits haben.«

Wird darunter auch Ihre Enkelin sein?

»Nein, meine Enkelin wird es nicht sein.«

Sie fühlen sich stark verbunden mit ,unserer aller Mutter', also mit der Muttergottes. Es gibt die drei Geheimnisse von Fatima. Das dritte Geheimnis, bezieht sich das auf den Krieg?

»Das dritte Geheimnis bezieht sich auf die Vernichtung Roms.«

Wann wird Rom vernichtet?

»Es wird keine Ewigkeit mehr unter der Kurie geben.«

Damit ist also der Vatikan gemeint?

»Ja. Der Papst wird Rom verlassen, wird fliehen.«

Der jetzige?

»Ja. Rom wird nicht mehr die Stadt sein, die von der Kirche als Heilige Stadt oder als ewige Stadt benannt wird. Es wird auch nach diesem Papst Johannes Paul II. nur noch einen Übergangspapst geben, dann gibt es keinen Papst mehr. Die folgenden Kirchenoberhäupter werden nur noch wie Politiker, die gewählt bzw. wieder abgewählt werden, eingesetzt.«

Von der Kirche?

»Ja, von der Kirche. Die Kirche wird sich in zwei große Lager spalten.«

Die Katholische Kirche?

»Ja.«

Was sind die beiden Richtungen?

»Ich kann Ihnen nur eine jetzt definitiv sagen. Es hängt sehr intensiv mit dem Zölibat zusammen, mit der Glaubensfreiheit und damit, daß man endgültig aufhört, den Menschen zu belügen. Es wird nirgendwo soviel gelogen wie in der Kirche selbst. Sie hat im Laufe ihrer Existenz, ihres Daseins schon so viele Korrekturen vornehmen müssen, daß sie mittlerweile unglaubwürdig geworden ist.«

Man sagt, daß sie zu konservativ ist, nicht der Zeit angepaßt ist.

»Die Kirche ist nicht nur konservativ, sie ist auch ausgesprochen materialistisch. Es gibt kein reicheres Unternehmen auf der Welt als die Kirche.«

Was nicht im Sinne Gottes ist?

»Ja. Sie ist nicht bereit, von dem Vermögen, das sie hat, den Armen und den Bedürftigen zu geben. Also gehen sie in die Bevölkerung und betteln dort. Warum gehen die nicht an ihr eigenes Vermögen heran?«

War es im Sinne der Muttergottes, daß dieses dritte Geheimnis nicht veröffentlicht wurde?

»Alle Geheimnisse der Fatima-Botschaften, das erste, zweite und dritte, kennt jeweils der amtierende Papst, so auch Papst Johannes Paul II. Seine Aufgabe ist auch, wie das dritte Geheimnis verkündet, sehr viel zu reisen, um in der Welt den Glauben zu vertiefen. Menschen sollen wieder zum Glauben gebracht werden. Der Mensch soll wieder beten. Beten ist sehr wichtig. Es ist die Aufgabe des jetzigen Papstes, das zu fördern. Deswegen reist er. Nicht, weil er, wie böse Zungen sagen, aus dem Ostblock kommt und früher nicht reisen konnte. Es ist seine Aufgabe, wie es durch die dritte Weissagung von Fatima festgelegt worden ist, daß er sich intensiv um die Glaubensgemeinschaften kümmert. Die dritte Weissagung beinhaltet auch, daß er alle Glaubensgemeinschaften dieser Welt an einen Tisch bringt. Was er beim großen Glaubenstreffen in Assisi ja geschafft hat. Dort waren alle Glaubensgemeinschaften dieser Welt versammelt.

Er hat es verstanden, sie alle zwei Tage lang zusammenzuführen. Das, was vorher keiner geschafft hatte, hat der Wojtyla bzw. Johannes Paul II. geschafft. Das fand ich super. Das ist auch im Sinne unserer aller Mutter. Er ist sehr fromm und auch ein großer Muttergottesverehrer. Er stellt unser aller Mutter über alles. Deshalb mag ich diesen Papst so gern.«

Kann man sagen, daß der Vatikan zusammenbrechen wird? Ist das zu verhindern?

»Nein. Das ist nicht zu verhindern. Im ersten Jahrzehnt des neuen Jahrhunderts wird es geschehen.«

Wie sieht es eigentlich mit der Raumfahrt, mit der Erforschung neuer Welten aus? Wird man auf diesem Gebiet weiterkommen?

»Man wird weiterkommen, aber dieses Weiterkommen wird von Katastrophen überschattet sein. Es ist sehr viel Sabotage mit im Spiel.«

Wird ein Raumschiff abstürzen?

»Es wird wieder ein Raumgleiter abstürzen. Aber es werden nicht nur die Astronauten zu Schaden kommen, es werden auch Unschuldige durch Trümmerteile zu Schaden kommen. Das Gefährt verglüht nicht, weil es nicht hoch genug ist.«

Wieder in Amerika?

»Wieder in den Staaten, ja. Es müßte jedem Menschen schon zu denken geben, warum in letzter Zeit so viele angesagte Starts abgebrochen werden. In letzter Sekunde werden oft Fehler entdeckt, die es in der Vergangenheit nicht gegeben hat. Damals gab es diese Sabotagen noch nicht. Und jetzt gibt es wahnsinnige Sabotagen. Warum diese Flugzeugabstürze? Warum? Diese wahnsinnigen Fehler an den Maschinen, warum? Diese falsche Verkabelung. Das ist alles Sabotage.«

Ist die organisiert?

»Ja.«

Von wem?

»Sie ist von Leuten organisiert, die davon profitieren.«

Wie kann man davon profitieren, wenn Menschen sterben?

»Mit materiellen Werten. Durch eigene Ideen, die sie verwirklichen wollen, durch eigene Produkte, die sie unbedingt durchsetzen wollen. Das ist reines Profitdenken.«

Kann man sagen, wann dieser Raumschiffabsturz sein wird? Etwa in diesem Jahr?

»Ja. Ich habe nicht weiter nach den Daten gefragt. Aber es hat mich schon irgendwie erschüttert. Ich könnte schon nach dem Datum fragen. Ich müßte es einmal tun. Aber ich kann Ihnen jetzt schon die Antwort sagen: „Warum interessiert dich das? Du kannst das ohnehin nicht ändern, also belasse es dabei. Finde dich damit ab. Es wird passieren. Egal, zu welchem Zeitpunkt, aber es passiert." Klare Aussage.«

Und in der Barschel-Affäre wird Herr Pfeiffer belastet werden?

»Ja. Das wird aufgedeckt werden.«

Wie werden seine angeblichen Machenschaften aufgedeckt?

»Durch Journalisten, die vollkommen neutral sind. Die sich einfach sagen, jetzt ist die Zeit reif, jetzt haben wir die Fakten zusammen, und jetzt legen wir die Karten auf den Tisch. Auch ich trage meinen Teil dazu bei. Das heißt, ich werde die Dokumente, die bei meinem Anwalt im Safe liegen, veröffentlichen. Zu gegebener Zeit werde ich einer Journalistin diese Unterlagen übergeben.«

Ist sie von der Bild-Zeitung?

»Nein, nicht die von der Bild-Zeitung. Das wird Frau Ahrens sein, die bei mir war.«

Wann ist die Zeit gegeben?

»Mitte der 90iger. Ich habe ungefähr noch viereinhalb, fünf Jahre Zeit.«

Eine österreichische Affäre: Udo Proksch, wird er ...?

»Wer ist Udo Proksch?«

Man beschuldigt ihn, ein Schiff versenkt zu haben. Haben Sie davon gehört?

»Nein.«

Er wird in der ganzen Welt gesucht. Er soll in Österreich angeklagt werden. Es gab auch einen Lucano-Ausschuß, dessentwegen viele Politiker den Hut nehmen mußten. Die Frage ist, wird man Udo Proksch' habhaft werden? Er ist zur Zeit im Ausland.

»Ist man sicher, daß er zur Zeit im Ausland ist?«

Man nimmt es an, ja.

»Armes Österreich. Er ist nach wie vor in Österreich. Nur sein gesamtes Aussehen ist durch plastische Chirurgie verändert. Er verarscht regelrecht den österreichischen Staat und die österreichische Justiz. Ihm ist es eine Freude, mitzuerleben, wie ihn die Leute suchen. Er befindet sich in Österreich. Der Arzt, der ihn durch die plastische Chirurgie verändert hat, lebt leider nicht mehr. Dieser Arzt wurde eliminiert.«

Wird man seiner habhaft werden?

»Der Fall wird nicht wirklich aufgedeckt. Es werden Vermutungen angestellt. Aber Vermutungen sind nicht ausschlaggebend. Man war der Meinung, daß man ihm auf der Spur sei, Fehlanzeige. Man hat mit Eiern gehandelt. War nichts. Der amüsiert sich köstlich darüber.«

Was ist das Ziel der Kontakte mit dem Jenseits?

»Das Ziel ist, daß jeder einfach zum Telefonhörer greifen und im Jenseits anrufen kann: „Wie geht es euch?" — So wird das eines Tages sein. Man wird keine Angst mehr vor dem Tod haben. Jeder wird wissen, daß es ein Weiterleben nach dem Ableben geben wird, und zwar in einer Form, die man sich mit unserem irdischen Gedankengut gar nicht vorstellen kann.«

Wann wird es ungefähr so weit sein?

»Das werde ich nicht mehr miterleben.«

Ich wahrscheinlich auch nicht.

»Doch, Sie sind noch sehr jung. Sie werden es noch erleben. — Wenn die Gruppe Zeitstrom oben so aktiv weiterarbeitet, kann man sagen, daß es in etwa fünfzig Jahren so weit sein wird. Dann kann man den Fernseher einschalten und einfach Kontakt mit dem Jenseits bekommen.«

Kapitel 13

Eigentlich war das Ziel der Reise auch, die Orte zu besichtigen, die mich Paulussens Vergangenheit näherbringen. Doch sind noch so viele interessante Fragen offen, die beantwortet werden sollten. So sitzen wir wieder im Wohnzimmer und plaudern.

Welche Erlebnisse hatten Sie an Wallfahrtsorten?

»Im Juli 1989 hatte ich ein sehr tiefgreifendes Erlebnis. Ich fuhr mit Familie Jakubowski zu einem Wallfahrtsort namens Heroldsbach in Bayern, wo es von 1949 bis 1952 Madonnenerscheinungen gab. Wir besichtigten auch die Gnadenkapelle, in der ein lebensgroße Statue von Pater Pio steht.

Diese Statue und der Ort haben mich sehr beeindruckt. Ich war glücklich, daß ich dorthin kommen durfte und hatte zwei Tage nach der Rückkehr, in der Nacht von Samstag auf Sonntag, ein tiefes Erlebnis. Ihr könnt mich alle für einen Spinner oder weiß Gott was halten, aber ich schwöre es bei meinem Leben, bei meiner Familie und bei meinen jenseitigen Freunden: In dieser Nacht stand Pater Pio vor meinem Bett und führte mit mir ein sehr langes Gespräch. Unter anderem bekam ich von ihm ganz gehörig den Kopf gewaschen.

Ich kann auch sagen, warum er mit mir schimpfte. Ich wollte nicht mehr leben. Ich hatte keinen Lebensmut mehr. Dieser Pater Pio warnte mich eindringlich davor, unüberlegt zu handeln. Ich habe seine Warnung verstanden. Und ich werde meiner Aufgabe, die mir gestellt wurde, nachkommen. Ich danke dem lieben Gott, unserem Herrn Jesus Christus, unserer aller Mutter, Pater Pio, meinen jenseitigen Freunden, daß ich diese Aufgabe übertragen bekam.«

Sie haben gesagt, die Bibel ist nur teilweise wahr, teilweise ist durch Übersetzungsfehler sehr viel falsch. Wo liegen die wesentlichen Fehlerquellen?

»Es gibt innerhalb der Bibel so viele Widersprüche, da die Kirche im Laufe der Zeiten zu oft Korrekturen vorgenommen hat, immer Korrekturen zu ihrem eigenen Vorteil.«

Also keine Übersetzungsfehler?

»Nein, keine Übersetzungsfehler. Es sind in einigen kleinen Dingen Übersetzungsfehler, die man aber akzeptieren kann. Doch sollte man gerade dann, wenn man etwas wie eine Bibel oder ein Gebetbuchveröffentlicht, bei der Wahrheit bleiben.«

Was sind das für Unwahrheiten der Kirche?

»Die Kirche sagt z. B.: Man soll Tote ruhen lassen. Man soll sich nicht an den Toten gedanklich vergreifen. Aber was hat die Kirche gemacht? Die Kirche rief selbst einen Toten, das ist Jesus. Da widerspricht sie sich. Die Kirche nimmt für sich sämtliche Privilegien in Anspruch, die sie dem Menschen, dem Individuum schlechthin, nicht zubilligt.«

Zum Beispiel?

»Zum Beispiel freitags fleischlos zu essen. Ich habe viele Geistliche in meinem Leben kennengelernt, die auch am Freitag bei Fleisch kräftig zulangten. Enthaltsamkeit predigen sie uns. Ich kenne viele Geistliche, die nicht Enthaltsamkeit üben. Es gibt so viele Dinge, die sich die Kirche selbst nicht zu eigen macht, aber dem Gläubigen aufzwingt. Der Zwang ist stets mit Drohungen verbunden: „Du kommst in die Hölle, wenn du dies und jenes nicht tust."

Die Auslegung der Zehn Gebote ist nicht richtig. Wenn man die wirklichen Zehn Gebote, die Moses empfangen hat, wortgetreu übersetzt, schauen die ganz anders aus. Aber die Kirche legt die Zehn Gebote so aus, um die Menschen gefügig zu machen. Es hat zu der Zeit, als Jesus auf Erden weilte, die Ohrenbeichte nicht gegeben. Es hat ein allgemeines Vergeben der Sünden gegeben. Jesus sagte: „Ich vergebe euch eure Sünden. Bekehrt euch und wendet euch dem Positiven zu." – Die Kirche hat diese Ohrenbeichte eingeführt. Mit welchem Recht? Das sind alles Dinge, die mit dem Wirklichen nicht konform gehen.«

Wird die Bibel irgendwann einmal überarbeitet werden?

»Man kann diese Bibel nicht mehr überarbeiten. Das würde noch mehr Verfälschungen hervorrufen. Die Kirche spricht etwa von der ‚Jungfrau‘ Maria. Das ist falsch interpretiert. Es heißt ‚junge Frau Maria‘, nicht ‚Jungfrau‘ Maria. In der alten Bibel steht ‚Mutter Jesu‘. Die Kirche hat aber aus ‚Mutter Jesu‘ eine ‚Mutter Gottes‘ gemacht.«

Haben Sie das irgendwo auch einmal gelesen?

»Nein. Ich kann Bücher über diese Dinge nicht lesen. Ich schaffe es nicht. Ich fange bei einer Seite oben an und komme höchstens bis zur Hälfte der Seite, dann kann ich nicht mehr lesen. Die Buchstaben verschwimmen, oder ich kann mit den Worten nichts anfangen. Egal, ob es die Bibel, ein esoterisches Buch, der Katechismus oder sonst ein schwieriges Buch ist. Lediglich Gebetbücher lese ich gerne.«

Welches Gebetbuch?

»Ich habe z. B. ein ganz kleines Gebetbuch für einen Soldaten. Das Büchlein ist sehr interessant. Es beinhaltet Gebete, die von Soldaten im Zweiten Weltkrieg in der Not gesprochen wurden. Die sagen mir sehr viel, weil sie von Herzen kommen. Es sind nicht gereimte Zeilen. Ein ehrliches Gebet braucht nicht gereimt zu sein. Ein Gebet muß von innen kommen, selbst formuliert und selbst verfaßt. Das ‚Vaterunser‘ oder das ‚Gegrüßet seist du, Maria‘ herunterzuleiern ist sinnlos. Da fehlt das Empfinden. Man betet, um ein Anliegen vorzutragen, um etwas zu erbitten. Beten kommt von Bitten. Dazu muß ich meine persönlichen Anliegen aussprechen, das heißt selbst formulieren.

Sie haben gesagt, es gibt keinen Teufel. Nun steht in der Bibel nicht nur dreimal Teufel . . .

». . . in jedem zweiten Wort kommt der Teufel vor . . .«

In der Bibel wird der Teufel auch personifiziert, also der Teufel als Person?

»Gut, er wird als Person dargestellt. Jesus sprach aber: „Du von meinem Vater ausgestoßener Engel." Und die Kirche hat daraus den Teufel gemacht. Also gibt es ihn für mich nicht. Wahrscheinlich liegt es daran, daß ich den Teufel nicht kennengelernt habe. Ich möchte ihn auch nicht kennenlernen. Ich lege keinen Wert darauf — wenn es ihn geben sollte.

Ich berufe mich jedoch auf die Aussagen meiner jenseitigen Freunde, die, wenn man sie fragt, antworten: „Teufel? Wie, Teufel? Nein!"

Wenn man sagt: „Hölle", sagen sie: „Du meinst den Raum zwischen dem Diesseits und dem Jenseits, den dunklen, schwarzen Raum."

Ich sage: „Ich weiß es nicht. Hölle brennt doch, Hölle tut doch weh, dort ist doch Feuer."

Dann folgt stets ein allgemeines Gelächter.«

Es gibt vielleicht nicht den Teufel, aber es gibt doch das Böse auf dieser Welt.

»Selbstverständlich. Schauen Sie, der Mensch ist mit 50 % negativen und 50 % positiven Veranlagungen ausgestattet. Der Mensch kann sehr viel dafür tun, daß das Positive in seinem Leben überwiegt.«

Ist der Teufel praktisch das Böse im Menschen?

»So würde ich es bezeichnen.«

Sie haben einige Entwicklungsstufen in Ihrem Leben durchlaufen. Kann man diese Entwicklungsstufen vielleicht einmal ordnen und kennzeichnen?

»Die erste Entwicklungsstufe war, in den Körper anderer Menschen zu kommen, hineingeführt zu werden. Dann kam als zweites der Kontakt zu anderen Jenseitigen. Auch dieses weite Wissen von der Zukunft war eine Entwicklung. Die absolute Volltrance war ein weiterer Schritt, bisher war immer nur eine Teiltrance eingetreten.«

In welcher Stufe befinden Sie sich momentan?

»Ich wirke bei Heilungsprozessen mit.«

Erkennen Sie immer gleich das Ziel, wenn Sie merken, es wird an Ihnen gearbeitet?

»Ja, ich merke sofort, wenn an mir gearbeitet wird.«

Merken Sie auch das Ziel?

»Das Ziel nicht sofort, meistens erst, wenn es erreicht ist. Das Ziel ist nicht sofort erreicht, weil das Arbeiten daran eine Zeit dauert. Man wird an das Ziel herangeführt. Sie müssen sich das als eine Marathonstrecke vorstellen: Sie müssen laufen, um an das Ziel zu kommen. Sie machen Höhen und Tiefen mit. Sie fragen sich: „Mein Gott, wie weit soll das noch gehen? Was habt ihr mit mir noch vor?“«

Was glauben Sie, wie es weitergeht?

»Mit mir? Das weiß ich nicht. Das wird oben entschieden. Ich lasse es einfach geschehen. Ich bin nur ein Werkzeug und ausführendes Organ.«

Wird jetzt an Ihnen gearbeitet?

»Ich bin fest davon überzeugt, daß an mir gearbeitet wird, denn sonst wären die Heil-Arbeiten mit Manfred Kage nicht so intensiv und so erfolgreich. Das ist ein Prozeß, der läuft und noch nicht abgeschlossen ist.«

Glauben Sie, daß Sie eine Art Heiler werden?

»Nein. Ich werde nur eine vermittelnde Funktion haben, nämlich die, Informationen von oben an die Person, die die Heilung ausführt, weiterzuleiten.«

Wieviel schwingt noch von Ihnen mit?

»Nichts mehr.«

Als Sie Dr. Hochenegg baten, für dieses Buch mir Auskunft über Ihr Leben zu geben, hat er geantwortet: „Gar kein Thema". Dieser Ausdruck ist doch typisch für Sie?

»"Gar kein Thema". Das ist eine oft verwendete Phrase bei Esoterikern. Gar kein Thema, gar keine Frage, selbstverständlich.«

Dann hätte Hochenegg vielleicht gesagt: „Machen wir." „Kein Problem".

»Sicher. Aber diese Phrase verwendet er auch. Das hat er sich angeeignet oder übernommen.«

Das hat er also wörtlich gesagt?

»Ja.«

Die Frage ist, ob Sie oft Mitteilungen, die Sie bekommen, in Ihren Worten ausdrücken?

»So, wie ich es durchgesagt bekomme, gebe ich es weiter. Das ist bei einem Volltrancemedium das einmalige, es kann von sich selbst aus gar nichts hinzufügen. Nicht das geringste. Alle Einflüsse von außen werden ausgeschaltet. Deshalb die Aussage von oben: „Du bist von außen nicht mehr beeinflußbar und kontrollierbar."

Das heißt auch, ich kann mich selbst nicht mehr beeinflussen.«

In der Volltrance?

»In der Volltrance.«

Dann gibt es ja noch die Teiltrance.

»In der Teiltrance auch nicht. Das ist das Phänomen. Es wird alles so weitergegeben, wie es von oben gesprochen wird. Deshalb sind auch in vielen Passagen Wiederholungen dabei. Weil die Jenseitigen sagen: "Er hat es nicht richtig verstanden, wir wiederholen alles noch einmal."

Es bilden sich viele Wiederholungswörter und Wiederholungssätze, damit das auch hundertprozentig sitzt.«

Wie verarbeiten Sie die vielen Probleme, die täglich an Sie herangetragen werden?

»Ich setze mich mit dem Erlebten und Gesagten noch einmal richtig auseinander.«

Und wie?

»Ich lasse mir das Ganze noch einmal zeigen und wiederholen, und zwar ohne die betroffene Person. Das ist das Aufarbeiten. Ich habe dann auch die nötige Ruhe dafür und kann anschließend den nötigen Abstand zum ganzen gewinnen.«

Was waren die Dinge, die Sie sehr belasten?

»Tod und lebensbedrohliche Krankheiten.«

Tod ist doch eigentlich etwas Schönes?

»Sicher ist es etwas Schönes, aber nicht, wenn ein junger Mensch gewaltsam aus dem Leben gerissen wird.«

Was noch?

»Schwere Krankheit, Krebs, Aids, Verluste durch Habgier. Das sind Dinge, die mich belasten.«

Sie haben gesagt, Tod von jungen Menschen. Wie ist das eigentlich, wenn Kinder sterben? Sie können ihre Aufgabe gar nicht erfüllt haben. Sie hatten nie die Chance bekommen, sie zu erfüllen.

»Ich bin der Meinung, daß jedes lebende Wesen das Recht hat, ein hohes Alter zu erreichen. Aber ich habe auch die Worte verstanden, die von oben gesagt wurden: Der Mensch, der in jungen Jahren, z. B. als Kind, stirbt, für den war diese kurze Zeit wie auch die Art des Todes bestimmt. Es hat jeder seine Gesamtlebenszeit, die er erfüllen muß. Es gibt für diese Person keine Inkarnation mehr.«

Ein Kind, das früh stirbt, hat alles erreicht?

»Es hat alles erreicht, ja. Es fehlte ihm nur noch eine ganz kurze Lebenszeit bis zur Erreichung des Gesamtlebens.«

Geht es im Leben nicht um das Sammeln von Erfahrungen, um das Lernen?

»Sicher, wir sind hier auf dem Planeten, um zu lernen.«

Oft sterben Kinder schon bei der Geburt oder eine Woche danach. Dann ist der Lernprozeß auch geringer?

»Ein Kind lernt schon im Mutterleib, dort beginn der Lernprozeß. Ein Kind im Mutterleib registriert sämtliche Einflüsse von außen. Es verfolgt die Gespräche der Eltern, bekommt alles mit.«

Kinder, die sterben, werden nicht mehr reinkarniert?

»Das ist die Aussage von oben, daß sie nicht mehr reinkarniert werden.«

Wieviel Volltrancemedien gibt es auf der Welt?

»Es gibt die Aussage von der jenseitigen Welt, daß es tausend Volltrancemedien gibt. Die Zahl Tausend ist für die jenseitige Welt auch eine mystische Zahl. Aussagen lauten: „Wir sind euch um tausend Jahre im Wissen, Handeln, Verstehen und Können voraus." Also, wenn jemand aus diesem Kreise stirbt, kommt sofort wieder eine Person dazu, so daß die Zahl Tausend bestehen bleibt.«

Das sind relativ viele.

»Die Welt ist groß. Hier im deutschen Raum, in Deutschland, gibt es nur zehn Leute, die Volltrancemedien sind. Wir kennen uns jedoch untereinander nicht. Wir dürfen uns nicht untereinander kennen, weil sonst jeder vom anderen beeinflußt werden würde.«

Wenn uns die Jenseitigen tausend Jahre voraus sind, würde das doch bedeuten, daß wir in tausend Jahren so leben, wie jetzt die Jenseitigen?

»Tausend Jahre ist für die Jenseitigen ein Relativbegriff, denn sie haben weder Zeit noch Raum. Sie gebrauchen unsere Zahlenkombinationen, unsere Zahlworte. Also ist die Zahl Tausend für sie etwas ganz Bestimmtes. Auch die Zahl drei ist mystisch.«

Das heißt aber doch, daß wir früher oder später genauso leben werden, daß diese unsere Welt so werden wird wie das Jenseits?

»Die sind dann schon viel weiter. Sie entwickeln sich von Tag zu Tag. Der Begriff ‚Tag' ist für sie auch nur ein irdisches Gebrauchswort. Sie müssen sich unserem Sprachgebrauch anpassen, damit wir sie verstehen.«

Wie sind diese Zeitbegriffe bei Nostradamus zustande gekommen? Wie hat er die Zeit berechnet?

»Nostradamus hat die Zeit nie berechnet. Er hat diese Zeit von oben gesagt bekommen. Er hatte einen Kontakt zur jenseitigen Welt. Von dort kommen die Zahlen. Er konnte mit den Zahlen auch umgehen, da er Mathematiker war. Es gab zu der Zeit schon den Kalender. Er konnte durch seine mathematische Fähigkeit anhand des Kalenders arbeiten. Nur konnte er sein Wissen nicht in die heutige Sprachform einbetten, daher blieben Ungenauigkeiten.

Zum Teil gebrauchte er auch Verse: „Blecherne Vögel werden am Himmel erscheinen und werden Feuer werfen. Feuer wird vom Himmel fallen und wird die Bevölkerung, die unter den Vögeln weilt, vernichten. Viel Blut wird fließen. Viele Ungerechtigkeiten werden geschehen. Viele Unschuldige werden dabei ihr Leben verlieren."

Das sind einige Aussagen von Nostradamus, geschrieben in einer Art Gedichtform. Durch die Entschlüsselung der Reimtexte entstanden in der Übersetzung gravierende Fehler.«

Wenn er aus Ihnen spricht, drückt er sich im Vergleich zu früher viel klarer aus, verwendet keine Verse.

»Sicher. Er ist jetzt für unseren heutigen Sprachgebrauch und für unser heutiges Verständnis präziser, aber in 2000, 3000 Jahren können die mit unseren Sprachschätzen auch nichts Richtiges mehr anfangen. Da wird sich die Sprache ganz anders weiterentwickelt haben. Wie z. B. das Wort ‚eventuell'. Anfang des 18. Jh. gab es dieses Wort nicht. So sind neue Worte entstanden, mit denen man heute etwas anfangen kann: möglicherweise, vielleicht.«

Wovon hängt es ab, daß viele Vorhersagen sehr verschlüsselt sind?

»Sie sind verschlüsselt, weil ihr Gedankengut nichts anderes zuläßt.«

Bei den Medien?

»Bei den Medien, ja. Man kann sich in einer Volltrance auch weit zurückversetzen lassen, um eine Aussprache zu benutzen, die es vor hundert Jahren gab. Formulierungen, die wir heute gar nicht mehr gebrauchen, die uns vollkommen fremd sind.«

Sie sehen die Jenseitigen. Wahrscheinlich ist jetzt auch Dr. Raudive anwesend?

»Nein. Der ist momentan nicht hier im Raum.«

Großmutter Gertrud?

»Ja, die ist kontinuierlich hier.«

Und Svenjen?

»Nein. Svenjen ist momentan nicht da. Sie wird heute abend kommen.«

Wer ist jetzt noch da?

»Momentan ist nur meine Großmutter da.«

Sehen Sie nur gewisse Jenseitige, oder würden Sie auch jemandensehen, der um mich herum wäre?

»Ich sehe ständig Jenseitige, aber ich kann mit denen nichts anfangen. Ich suche auch keinen Kontakt zu ihnen. Also sind meine Kontaktpersonen Großmutter Gertrud, Svenjen Salter, Raudive . . .«

Sehen Sie die anderen genauso deutlich?

»Genauso, wie Sie hier sitzen. Aber die antworten nicht. Warum sollten sie mir auch etwas sagen? Sie haben keine Aufgabe, mir etwas zu sagen. Die Personen, die für mich bestimmt sind, übermitteln mir Informationen.«

Ist jetzt z. B. mein Schutzgeist hier?

»Ihr Schutzgeist ist immer um Sie herum. Tag und Nacht. Er ist immer da, egal wohin Sie gehen.«

Sehen Sie ihn auch?

»Nein. Den sehe ich nicht. Ich brauche ihn nicht zu sehen.«

Oder ist jemand anderes um mich herum?

»Nein. Momentan ist niemand um Sie herum. Nur meine geschätzte, verehrte und geliebte Oma Gertrud.«

Wieviele sind im Schnitt da?

»Das ist verschieden. Es kann eine Person sein. Es können drei, vier, fünf, eine ganze Clique sein. Ganz verschieden. Das hängt davon ab, wieviel Energie vorhanden ist, um sich zu zeigen. Alles ist eine Frage der Energie.«

Sie wollen sich also zeigen?

»Sie wollen sich zeigen, ja.«

Es kann aber auch Jenseitige geben, die sich nicht zeigen wollen?

»Das ist mir noch nicht vorgekommen. Ich habe noch nicht danach gefragt. Aber ich bin vollauf damit zufrieden, daß sie sich zeigen.«

Kapitel 14

Paulussen führt nicht nur Gespräche mit seiner verstorbenen Großmutter und Jenseitigen aus der Gruppe des ,Zeitstroms'. Ihm ist es auch möglich, Kontakt mit anderen Verstorbenen aufzunehmen. Paulussen fällt dabei in Volltrance, und seine Feder kritzelt automatisch über das Papier, oder jemand spricht aus ihm heraus. Seine Gespräche mit Uwe Barschel gingen durch die deutsche Presse.

Uwe Barschel war bis zu seinem Tode Ministerpräsident von Schleswig Holstein. 1987 starb er, nach der gängigen Meinung durch Selbstmord. Doch einige, darunter auch Paulussen, bestreiten diese Hypothese und sagen: Barschel wurde ermordet.

12.10.1987 Frage:

»Ich rufe meine Oma Gertrud Paulussen und Constantin Raudive mit der Bitte und Frage: Ist es möglich, mir etwas über den Tod von Uwe Barschel, der am Sonntag, den 11.10.1987 zu euch gekommen ist, zu sagen? „Meine Frage lautet:" Wie ist Uwe Barschel zu Tode gekommen? Was ist geschehen?"«

Es ist jetzt Montag, der 12.10.1987, 20.06 Uhr, und ich bitte meine Oma Gertrud Paulussen und Constantin Raudive um Hilfe. Wann ist ein Kontakt möglich?

Antwort: 20.10 Uhr.

Kontakt und Antwort um 22.45 Uhr. Costa.

Kontakt. Es ist 22.45 Uhr.

Es meldet sich meine Oma Gertrud und Costa.

»Peter, du hast Fragen an Uwe Barschel. Du möchtest wissen, was im Zimmer des Hotels am 11.10.1987 geschehen ist? Du bekommst nun die Antworten.«

»Ich, Uwe Barschel, grüße Peter. In Zeitungen und im Fernsehen wird viel geschrieben und auch berichtet. Die Vermutungen meiner Frau und meines Bruders sind richtig. Die Polizei liegt falsch.

Ich bin um 11.05 Uhr von dieser Welt gegangen, aber nicht freiwillig. Es wurde nachgeholfen. Ich bin auch nicht im Bad gestorben, nein, ich habe diese Welt im Zimmer, und zwar im Sessel verlassen. Ich hatte Besuch. Es war der sogenannte Informant da. Ich trank mit ihm Mineralwasser, dann wurde mir übel. Es ging alles sehr schnell. Ich konnte noch wahrnehmen, daß eine zweite männliche Person in das Zimmer kam, dann war alles vorbei. Ich konnte aber noch alles miterleben. Es wurde Wasser in die Wanne gelassen, und einer sagte: "Wir legen ihn in die Wanne und schmeißen den Rasierapparat hinein."

Dies wurde von meinem sogenannten Informanten abgelehnt mit der Äußerung: „Der Auftrag lautet: beiseite schaffen, keine Spuren hinterlassen. Sammle die Gläser ein, nimm das Wasser mit, das genügt, schaut doch wie ein Herzschlag aus.

Schade, warum mußte er auf eigene Faust schnüffeln. Soll Pfeiffer doch alles weitere selbst machen. Komm, laß uns gehen. Hast du in seinen Unterlagen nachgesehen? Ist etwas dabei? Komm, wir gehen. Wir müssen noch anrufen, die warten auf Nachricht. „Dann sind beide gegangen.«

»Uwe, kannst du mir sagen, was an allem wahr ist?«

»O ja. Es wurde alles so dargestellt, als ob ich derjenige sei, der alles inszeniert hätte. Pfeiffer hat mit Mittelsmännern aus der Partei alles vorbereitet. Alles ist gefälscht worden. Viel Geld und Betrug ist im Spiel. Im Anhörungsverfahren, du verstehst, im Ausschuß soll gezielt gefragt werden. Es werden dann viele Widersprüche auftreten. Es wurden wichtige Unterlagen beiseite geschafft, die die Wahrheit ans Licht gebracht und mich rehabilitiert hätten. Aber ich sagte es schon, meine Vernichtung in der Politik und auch in meinem Beruf als Anwalt war von langer Hand geplant. Pfeiffer wurde mit viel Geld gekauft, und es wurde ihm volle Rückendeckung zugesichert. Pfeiffer hat finanziell voll ausgesorgt, dafür wurde gesorgt. Diejenigen, die sich in Kiel meine Freunde nannten, sind mir alle in den Rücken gefallen. Die Wahlniederlage haben sie nicht verkraftet. Gerd hielt zu mir, er war neben meiner Frau Freya der einzige. Es wurde eine schmutzige Kampagne von meinen sogenannten Freunden gegen mich unternommen. Sie werden alle zur Rechenschaft gezogen. Alles wurde und ist von langer Hand vorbereitet worden. Ich bestätige nochmals, ich habe die volle Wahrheit gesagt, und ich wurde getötet!«

»Uwe, wird man die Wahrheit über alles an die Bevölkerung weiterleiten?«

»Nein, nur das, was man für wichtig hält, denn die volle Wahrheit würde für die Partei katastrophale Folgen haben und zu einer großen Regierungskrise führen. Unschuldige müßten darunter leiden, also wird vieles verschwiegen und beiseite geschafft werden.

Ich bitte Freya, laß nichts an unsere Kinder kommen, halte sie von allem fern, schütze sie vor bösen Angriffen, schaue dir meine sogenannten Freunde genau an, und du wirst sehen, keiner kann dir gerade in die Augen schauen. Denke an die schönen Stunden, die wir in Spanien verbracht haben. Ich danke für alles. Uwe.«

Donnerstag, den 15.10.1987, 23.10 Uhr.

»Ich rufe meine Oma Gertrud Paulussen und Constantin Raudive. Bitte, könnt ihr mir einen Kontakt zu Uwe Barschel ermöglichen? Bitte, meldet euch!«

»Wir melden uns um 23.25 Uhr bei dir.«

»Uwe Barschel, habe ich richtig gehandelt, daß ich mit der Presse gesprochen habe? Gibt es noch etwas, das Sie mir sagen möchten?«

»Hallo, hier Uwe Barschel. Ich habe noch sehr viel zu sagen. Es war richtig, daß du die Presse von meiner Mitteilung unterrichtet hast. Einige Herren werden nachdenken, und man wird viele Fragen an dich stellen. Stelle dich dem, ich werde auf wichtige Fragen antworten. Ich möchte etwas an Freya ausrichten lassen.

Freya, bitte laß eine solche Beisetzung nicht zu, es wird doch nur geheuchelt. Bitte nur im engsten Familienkreis. Mutter ist das auch recht. Ich möchte dir noch einiges sagen, wie ich es dir versprochen habe.

Pfeiffer besitzt Bilder, die Fotomontagen sind. Diese wurden mir eine Woche nach meiner Entlassung aus dem Krankenhaus an einem Mittwochabend von Pfeiffer gezeigt, mit der Bemerkung: „Mit diesen Bildern haben wir Engholm da, wo wir ihn haben möchten."

Ich frage: „Wieso wir? Wie kommen Sie an diese Bilder?"

„Ich habe gute Freunde. Wir haben alles gut vorbereitet. Man kann sehr viel in der Fotografie machen."

Ich sagte, ich wünsche, daß das alles vernichtet wird und die Bilder hierbleiben. Pfeiffer überließ mir die Bilder, und diese wurden dann von mir im Beisein von Pfeiffer vernichtet.

Pfeiffer sagte mir dann: „Ich weiß, daß Sie mich nicht mögen und daß ich abgeschoben werden soll, aber da haben Sie die Rechnung ohne mich und meine Freunde gemacht. Wir haben alles vorbereitet, die Karre läuft. Ich verspreche Ihnen, da kommen Sie nicht mehr heraus. Alles ist geplant."

„Was ist geplant?"

Pfeiffer sagte mir: „Das wird sich schon zeigen. Auch ich habe vorgebaut. Alles läuft schon."

Ich maß alledem keine Bedeutung mehr bei, denn Pfeiffer hat schon früher viel übertrieben und versprochen, aber nichts von alledem wurde gehalten oder hatte eine Bedeutung.

Nun habe ich vier Tage vor der Wahl einiges läuten hören und habe mich mit meinen sogenannten Freunden beraten. Ich wurde mit den Worten beruhigt: „Alles Seifenblasen, die zerplatzen werden. Pfeiffer ist erledigt."

Ich gab mich damit zufrieden, denn ich hatte in der letzten Woche im Wahlkampf doch sehr viel an Substanz verloren und war um jede freie Minute dankbar. Aber die Gerüchteküche brodelte weiter, und mir wurde durch ein Telefonat folgendes mitgeteilt: „Barschel, wir machen dich fertig. Du hast die längste Zeit dieses Land als Ministerpräsident geführt. Es wird die Wachablösung kommen."

Diese Stimme habe ich sofort erkannt, und ich sagte: „Herr Pfeiffer, unterlassen Sie solche Dinge und Äußerungen. Wissen Sie überhaupt, was Sie da anrichten? Sind sie sich darüber im klaren? Das zieht rechtliche Folgen nach sich." Ich konnte im Hintergrund eine Frauenstimme hören, und dann lachte diese Stimme, die ich sofort als Pfeiffers Stimme erkannt hatte, sehr boshaft. Ich versuchte mit meinen engsten Mitarbeiter darüber zu reden, aber es war unmöglich, denn die Presse berichtete schon über Aussagen, die meine Person betrafen.

Ich sagte dir am Dienstagabend: „Bitte warte mit der Weitergabe von diesen Fakten und Informationen sechs Wochen."

Nun möchte ich dich bitten, sage es jetzt schon. Halte diese sechs Wochen nicht ein.

Ich möchte nochmals bestätigen: Ich habe mit dieser unsauberen Sache nichts zu tun. Ich habe Pfeiffer nie und nimmer einen Auftrag erteilt, Björn Engholm zu bespitzeln oder sonstiges zu unternehmen. Ich möchte noch etwas sehr Wichtiges erwähnen. Herr Pfeiffer verstand es, meine Unterschrift nachzuahmen. Ich habe über viele Dinge, die ich mit Pfeiffer erlebte, den Mantel des Schweigens gehüllt. Ich wollte Herrn Pfeiffer nicht die Zukunft verbauen. Ich hatte diesbezüglich schon Anfang des Jahres ein sehr langes Gespräch mit ihm geführt und vertraute ihm, denn ich hegte kein Mißtrauen gegen ihn.

Mir wurde oft gesagt, ein gesundes Mißtrauen ist gut, ich sollte nicht allen trauen. Meine Parteifreunde sagten mir sehr oft, daß ich in vielen Dingen zuviel Vertrauen hätte, wo ein gesundes Mißtrauen angebracht sei. Nun ist es geschehen, und ich weiß, daß diese Sache ein Ende haben wird, aber solch ein Ende, das viele Fragen offenlassen wird.

Ich möchte noch einmal sagen und betonen: Pfeiffer, bitte sagen Sie die Wahrheit. Belasten Sie sich nicht noch mehr. Die Last, die Sie an Lügen und Unwahrheiten tragen, ist schon schwer genug. Ich habe mit dem Leben bezahlen müssen, das so brutal, gemein und hinterhältig ausgelöscht worden ist.

Ich sage es noch einmal und das ganz deutlich: Ich wurde ermordet. Ich war einigen Leuten im Weg. Bitte, bekennen Sie sich. Sagen Sie die Wahrheit. Mit Ihren Lügen und Unterstellungen haben Sie meiner Frau und den Kindern, meiner Mutter und meinen Geschwistern sehr geschadet und wehgetan.

Möge Gott Ihnen, Herr Pfeiffer, die Hilfe und Kraft geben, die volle Wahrheit zu sagen. Ich möchte dich, Peter, noch einmal bitten: Gib das weiter. Du brauchst die sechs Wochen nicht einzuhalten. Ich bitte dich darum. Uwe.«

Es ist Donnerstag, der 15.10.1987, 23.57 Uhr.

Helene Ruhl, die ebenfalls Kontakte mit dem Jenseits hat, schreibt an BILD AM SONNTAG, 18.10.1987:

»Betr.: Ihren Artikel über Uwe Barschel aus dem Jenseits in der datierten Ausgabe.

Hierzu muß ich sagen, daß ich 100%ig an den Bericht aus dem ‚Jenseits‘ glaube.

Seit zwei Jahren habe ich täglich Kontakt mit den Seelen meiner lieben Verstorbenen und habe darum auch für Uwe Barschel angefragt.

Das erste Mal habe ich am Mittwoch, den 14.10.1987 um 20.05 Uhr, gerufen. Zu Anfang meiner Einspielung kamen folgende Sätze:

„du mußt Uwe noch weiter

mag er, daß wir weiter beten

mit großer Gewalt ist das geschehen

Barschel, ja da läuft alles klar, was die zeigen,

Isch klar

(Freitag, 16.10., 22.10 Uhr)

Gift hascht genommen (siehe Bericht, Mineralwasser)"

Aus: BILD DER FRAU.

»Frau Barschel. Ihre Tränen, ihr Kampf, ihre Hoffnung. Seher „sprach" Barschel im Jenseits: „Es war Giftmord!" Freya Barschel weint um ihren toten Mann, kämpft um seine Ehre. Sie ist über- zeugt, daß er ermordert wurde. – „Mord" sagt auch ein Seher. Was der Tote ihm gesagt haben soll – in BILD DER FRAU.«

BILD AM SONNTAG, 18.10.1987.

»Barschel aus dem Jenseits: „Ich bin im Sessel gestorben". Hans- Peter Paulussen (44) aus Münster ist ein bekanntes Medium. Er be- hauptet: „Meine verstorbene Großmutter kann für mich Kontakte mit Verstorbenen herstellen."«

Helene Ruhl an Huainigg, 8. Mai 1989

»Herr Paulussen ist ein sehr begabtes Medium.

Über all diese Erlebnisse kann man schlecht in einem Brief be- richten. Diese Dinge sind es einfach wert, sich einmal zu treffen. Ich habe zweiunddreißig Kassetten, die für mich alle eine große Bedeu- tung haben. Sie könnten jedoch allein nichts damit anfangen.«

Helene Ruhl an Paulussen, 21.10.1987

»Noch einmal herzlichen Dank für das wunderbare Telefonge- spräch. Ich möchte Ihnen die Sätze aus meiner Einspielung hier wie- dergeben:

20.45 Uhr: „und er hat die Namen, Witwe trauert

Uwe wird ihnen verzeihen, ja ihr hört jetzt

die Nachrichten, einen werdet ihr sehen

(21.00 Uhr Panorama, Pfeiffer)

Paulussen will dich besuchen, wirst gut
empfangen, nimm den andern."

Zweite Einspielung:

22.05 Uhr: „Uwe gibt ja dem Peter die Schlüssel da
der muß doch ganz vorne sitzen
vergib du da, du bist mein Freund geblieben
und von Bonn er G'walt ausübt."

Was das ‚Vaterunser' betrifft, habe ich es zum Papst nach Rom geschickt. Die Wege des Herrn sind wunderbar. Ich bin so glücklich, daß Gott mich zu Ihnen geführt hat.«

Aus: DER SPIEGEL, Oktober 1987

»"Ich bin im Sessel gestorben". Die Desinformationskampagne der Springer-Presse in der Barschel-Affäre.

Eine Woche nach Uwe Barschels geheimnisvollem Tod in Genf war der Fall geklärt. Minutiös schildert „Bild am Sonntag" ("BamS") den Hergang der Ereignisse im Luxusholtel „Beau-Rivage".

Zwei Männer, so die Darstellung des Blattes am vorletzten Sonntag, hätten im Zimmer 317 Barschel mit vergiftetem Mineralwasser umgebracht. Weiter:

„Es wurde Wasser in die Wanne gelassen. Einer sagte:" Wir legen ihn in die Wanne und schmeißen den Rasierapparat rein. „Dieses wurde ... abgelehnt mit der Äußerung:" Der Auftrag lautet: Beiseite schaffen und keine Spuren hinterlassen! Sammel die Gläser ein und nimm das Wasser mit. Das genügt ..."

Erfahren hatte die Zeitung den Ablauf des Geschehens „aus dem Jenseits", und zwar durch Hans-Peter Paulussen, ein „bekanntes Medium" ("BamS") für derlei überirdische Kontakte. Der 44-jährige Münsteraner pflegt, wie er mit Grabesstimme verkündet, seit 38 Jahren Umgang mit seiner verstorbenen Großmutter, die ihm Sprechkontakte zu anderen Toten vermittelt – wie nun auch zu Barschel, der die Genfer Zimmer-Szene nach seinem Tod habe „geistig miterleben" können. Fazit von Barschels Geist: „Ich bin im Sessel gestorben."

Die Großmutter-Story aus Münster war nur eine von vielen Höhepunkten in der Barschel-Berichterstattung der überregionalen Boulevardpresse aus dem Hamburger Axel Springer Verlag. Der Hokuspokus paßte nahtlos in die Linie der Konzernblätter „Bild" und „Bild am Sonntag", „Welt am Sonntag" und schließlich auch „Bild der Frau", die sich redlich bemüht, ihre Leser mehr zu verwirren als aufzuklären.

Klar war nur eine durchgängige Tendenz: Planvoll verwischten die auflagenstarken Blätter zunächst Spuren in der Kieler "Schlammschlacht" ("BamS"), bis nach dem Tod des Politikers allerlei Mord- und Komplott-Theorien durch ihre Spalten geisterten.«

»... Recht mußte wohl doch der „BamS"-Hellseher Paulussen mit seiner Geschichte über Barschels Vergiftung haben. Denn in einem Exklusivbericht bestätigte „Bild der Frau": Auch ein „Esoteriker und Seher (65) aus Schleswig-Holstein" habe mit Barschel „im Jenseits gesprochen".

Auch er erfuhr, der Politiker sei „auf raffinierte Weise ermordet worden. Vergiftet!"«

Aus: KAUFEN UND SPAREN, 5.11.1987.

»Liegt die Lösung des Falles Barschel bei einem münsteranischen Anwalt? Wahrsager hatte angeblich wiederholt Kontakt mit dem "Jenseits".

Münster: „Zwei Morddrohungen habe ich bisher erhalten, eine davon mit genauer Schilderung, wie die Tat ausgeführt werden soll." Massiv bedroht fühlt sich der münsterische Hellseher H.P. P., seit er angeblich im Kontakt mit dem toten Uwe Barschel im „Jenseits" steht. Eine bekannte Sonntagszeitung des Hauses Springer stützt ihre Mord-Theorie auf die Angaben des Wahrsagers, der sich über seinen zivilen Beruf ausschweigt. „Ich verfüge über genaue Angaben über den Tathergang, die ich direkt von Uwe Barschel habe", behauptet der Münsteraner, der während einer sogenannten Außerleiblichkeit auch die ursprüngliche Lage des Toten in der Badewanne gesehen haben will, bevor er von den Stern-Reportern für das Foto zurechtgerückt worden sei.

... Sämtliche Angaben, die H.P. P. mit einem Tonband mitschneidet, sind bei seinem Anwalt hinterlegt – „falls mir wirklich etwas zustoßen sollte". Was er mit seinem brisanten Wissen weiter zu tun gedenkt, fragten wir den Wahrsager, der sich selbst als

„Medium" bezeichnet, am Montagabend. „Ich warte auf Anweisungen. Was genau ich dann tun werde, weiß ich selbst nicht. Manchmal habe ich Angst vor mir selbst."

... Liegt die Lösung der Kieler Affäre also in einem münsterischen Safe?«

Kapitel 15

Es ist Abend geworden. Wir fahren zu dem Esoteriktreffen in Münster. Während der Autofahrt erzählt mir Paulussen von der Gründung des Kreises.

»Auf Anweisungen der jenseitigen Welt habe ich im Februar 1988 den esoterischen Kreis Münster in Westfalen gegründet. Dieser esoterische Kreis sollte für mich eine große Rolle spielen. Ich habe mich im Rahmen dieser Gruppe, das möchte ich auch sagen, sehr stark für wohltätige Zwecke engagiert.

So konnte ich 1987 eine große Wohltätigkeitsveranstaltung zugunsten der „Aktion Sorgenkind" ins Leben rufen, was mir sehr viel Freude bereitete. 1988 rief ich die Aktion „Ein Herz für Kinder" ins Leben. Für das Jahr 1990 werde ich eine Veranstaltung zugunsten der Deutschen Krebshilfe organisieren. Ich bin nicht untätig, auch wenn ich in diesem Rollstuhl sitze, vielleicht gerade deshalb vermehrt.«

In dem Saal haben sich an die vierzig Leute eingefunden, Leute, die teilweise selbst mit Tonband oder Fotoapparat Jenseitige einzufangen versuchen, und andere, die nur an dem Thema interessiert sind. Der Kopf des Kreises ist sein Gründer: Hans-Peter Paulussen. Sein Wort wird gehört und geachtet. Man kommt auf ihn zu, erzählt vertrauensvoll seine Probleme, und Paulussen gibt unentwegt Ratschläge.

Paulussen nimmt am Mikrofon Platz und begrüßt alle:

»Bei unserem letzten Treffen hatte ich Ihnen gesagt, wir würden zu einem kleinen Jungen fahren. Dieser Besuch ist nachts erfolgt. Und man kann bei dem, was geschehen ist, von einem Wunder sprechen. Das Cortisongesicht, das der kleine Leo hatte, ist zurückgegangen. Er bekam normale Gesichtszüge und erwachte aus dem Koma, reagierte wieder, griff auch wieder nach Gegenständen. Ich bin der Muttergottes dafür sehr dankbar.

Der kleine Leo hat uns vorige Woche, am Samstag, verlassen. Er hat seinen Kopf zur Seite gelegt und ist einfach eingeschlafen, ohne Schmerzen. Normalerweise hätte er mit diesem Gehirntumor ersticken müssen. Das ist nicht geschehen. Er ist eingeschlafen. Ich danke allen, die für Leo gebetet und an ihn gedacht haben. Recht schönen Dank. Er hat seinen Weg gefunden und wird bestimmt alles mitbekommen, was wir heute besprechen.

140

Nun zum Programmablauf heute abend. Manfred Kage zeigt einen Videofilm. Auch werden heute abend, das wird Sie vermutlich überraschen, zwei Geistheilungen vorgenommen werden.

Es sind hier im Raum zwei Personen, die Probleme mit dem Hüftgelenk haben, und eine Person, die extrem große Probleme mit dem Rücken und dem Schulter- und Nackenbereich hat. Eine Person, die das Problem mit dem Hüftbereich hat, leidet auch unter Magen- und Darmproblemen. Heute abend werden diese Probleme aufgehoben, und es wird eine vollkommene Genesung eintreten. Das wird nach der Rückführung durchgeführt werden.

Bei der Rückführung und vor allen Dingen bei der Geistheilung möchte ich Sie um vollkommene Ruhe bitte. Manfred kennt den Ablauf der Heilung. Es wird einen Kontakt zu der geistigen Welt geben. Bei dieser Behandlung wird Dr. Gustav Nußbaum und Prof. Dr. Hüffer aus der jenseitigen Welt anwesend sein.«

Das Wort geht an Kage, der seinen Videofilm über seine Fotografien des Mikrokosmos einleitet.

»Ich selbst habe eine Menge dazugelernt, wobei der Lernvorgang nicht in einem schulischen Sinne zu verstehen ist, sondern es ist ein ,praktischer Unterricht' vom Jenseits, der reich an Details ist.

Ich beschäftige mich nicht nur mit wissenschaftlicher Fotografie und Dingen, die ich dann auch als Video vorführe, sondern u.a. auch mit dem Thema Rückführungen, wobei wir uns darüber noch einmal genau unterhalten sollten. Es darf nicht jedes Mal erwartet werden, daß ein früheres Leben angesteuert wird. Das möchte ich ausdrücklich betonen. Ich arbeite auch besonders herzlich und erfolgreich in Zusammenarbeit mit Hans-Peter in dem schwierigen und weit ausufernden Bereich der Geistheilung.

Der Begriff ,Geistheilung' für diese Zusammenarbeit hat wirklich seine Berechtigung, denn es ist nicht nur eine spirituelle Heilung, sondern eine Heilung mit Hilfe von ,spirits'. Im allgemeinen versteht man unter Geistheilung oder unter dem aus dem Englichen kommenden 'spiritual healing', daß mit Hilfe eines anonymen geistigen Bereiches des kosmischen weißen Lichts geheilt wird. Und dann gibt es noch eine zweite Nuance, nämlich, daß man nicht nur die anonymen geistigen und spirituellen Felder um Beihilfe bittet, sondern namentlich ,spirits' einbezieht.

Der Heiler ist, wie Paulussen, eigentlich nur ein Vermittler, der die geistigen Energien auf den Klienten herabbittet, durch seinen Körper durchleitet und versucht, indem er als Medium möglichst rein und unverfälscht ist, diesen Strom an Wärme, Zuneigung und Licht dem Klienten zukommen zu lassen.

Die zweite Variante ist die, daß man, wie gesagt, mit jenseitigen Intelligenzen, wie in unserem Fall dem Ärzteteam auf der anderen Seite, arbeitet. Man hat reale Ansprechpartner, die sich bemühen, mit ihren Erfahrungen uns zu helfen.

Wir sind daher in der Lage, mit zukünftiger medizinischer Wissenschaft hier und jetzt den einzelnen Personen zu helfen. Es ist für mich eine tiefgehende innere Erfahrung, wenn ich fühle, daß meine Hände wie Handschuhe übernommen werden. In diese Hände schlüpft eine andere Intelligenz und leitet durch diese menschlichen Hände hindurch Energien, die mir das Gefühl geben, als sitze ich an einer elektrischen 500-Volt-Leitung. Es ist so, als wenn Sie sich minutenlang ununterbrochen elektrisieren. Das muß man einfach erlebt haben, und ich denke, wir werden es heute abend nicht nur erzählen, sondern auch praktizieren.

Zuerst möchte ich jedoch ein etwa 40 Minuten langes Videoband vorspielen. Den Beginn macht eine Videoaufzeichnung, die Reinhold Eichelbeck vor zwei Jahren, 1987, gestaltete. Der im Fernsehen gesendete Film ist eine Art bunter Strauß, also ein Überblick über meine Arbeit im Bereich der wissenschaftlichen Fotografie.

Das Grundthema des letzten Vortrages war „Makrokosmos und Mikrokosmos". Die heutige Dominanz ist der Mikrokosmos. Im letzten Vortrag zeigte ich den Weltbereich der Galaxien, planetarischen Strukturen, Planetenoberflächen in Zusammenhang mit Gesteinsdünnschliffen und Landschaftsachaten und Kristallaufnahmen.

Heute dagegen durchstreifen wir die Mikrowelt, also die Welt, die normalen Augen aufgrund der Kleinheit verborgen bleibt. Diese Welt eröffnet sich durch das Elektronenmikroskop.

Und jetzt kommt das ganz Tolle: Sonst tappen wir immer im Dunkeln und sagen: Bisher wurde die Welt von den Naturwissenschaftlern mit Hilfe mathematischer Systeme erklärt. Jeder weiß, was ein Fallgesetz ist, jeder hat in der Schule gelernt, wie sich das Licht geradlinig ausbreitet, und man hat wohl so jeden mit irgendwelchen optischen Formeln, Linsenbrechungsgesetzen etc. gequält.

Doch mit Hilfe der einfachen Mathematik konnte man die Vielfalt der Naturerscheinungen nicht darstellen. Es gibt jedoch eine Methode, die wir von den alten Griechen und auch vom Mittelalter her kennen. Und die wende ich an. Noch zu Beginn dieses Jahrhunderts war es üblich, die Vielfalt der menschlichen, tierischen, pflanzlichen Formen in geometrischen Figuren mit Hilfe von Quadrat und damit im dreidimensionalen Sinne darzustellen. Kubus mit Kreis, Kugel mit Dreieck, Pyramide mit Kegel und mit Zylinder. Mit diesen Figuren, die wir auch aus der Geometrie kennen, wird nun jeder komplizierte Körper konstruiert. Dadurch kann man den Zusammenhang vieler komplizierter Körper darstellen.«

Aus den angesagten zwei Heilungen werden drei. Zu groß ist die Nachfrage. In gewohnter Weise versenkt sich Paulussen in Trance, die Heilungen werden mit Kage durchgeführt. Alle Patienten fühlen sich wesentlich besser. Das Publikum ist begeistert.

Kapitel 16

Am 18. Juli 1988 reiste Paulussen nach Hall in Tirol, um Dr. Leonhard Hochenegg zu besuchen. Am Nachmittag des 19. Juli — einem Dienstag — bat Dr. Hochenegg seinen Gast zu sich in seine Privatwohnung, wo sie im Garten saßen und sich unterhielten, als plötzlich Michel Nostradamus durch Paulussen zu sprechen begann. Dr. Hochenegg saß während der Durchsage neben Paulussen und hörte aufmerksam und gespannt zu. Es war das erste Mal, daß der Arzt miterlebte, wie eine andere Stimme aus Paulussen sprach.

Der Inhalt dieser Durchsage waren Prophezeiungen über ‚katastrophale Ereignisse‘ während der Neunziger Jahre unseres Jahrhunderts, speziell im Jahr 1991 — „dieses Jahr '91 wird in der Geschichte dieses Jahrhunderts von großer Bedeutung sein."

Die erste Prophezeiung betraf „einen Krieg in der Wüste" zu Beginn des Jahres 1991.

„Die Großmacht wird über das große Wasser kommen und wird sich mit Verbündeten auf dem Kontinent zusammentun und gegen einen Barbaren unter den Menschen kämpfen ... Das, was ihr Flugzeuge nennt, wird vom Himmel verheerendes Feuer werfen ... Die Siegermächte werden mit großem Druck den Krieg zum Stillstand bringen, aber große Vernichtung und große Verwüstung wird dabei im Augenschein sein."

In der zweiten Prophezeiung sprach Nostradamus von der Krise in Rußland.

„Im großen Russenland wird es einen Mann geben, der das Feuermal auf der rechten Stirnseite trägt ... Dieser Mann versucht für sein Land sehr viel zu erreichen, aber man untergräbt seine Bemühungen. Dieses Volk, dem er vorsteht, wird durch eine große Manipulation an den Rand eines Bürgerkrieges geführt werden ... Dieser Mann kommt nach einem Sturz wieder an die Macht ... Es wird innerhalb der Bevölkerung Unruhen geben, da das Volk einer sehr großen Hungerkatastrophe ausgesetzt sein wird ... Auch von diesem Volk droht ein Krieg, ein Krieg aus Verzweiflung, ein Krieg aus Not, ein Krieg aus Hunger. Wenn sich die Welt nicht zusammenschließt, um diesem Volke zu helfen, ist dieser Krieg unausweichlich und wird große Zerstörung und Verwüstung anrichten.

Als drittes sagte Nostradamus den Krieg in Jugoslawien voraus.

„In dem Vielvölkerstaat Jugoslawien wird es in diesem Jahrzehnt, im Jahre '91, auch zu großen Unruhen kommen − Unruhen, die im Untergrund geschürt werden und dann an das Tageslicht brechen. Es wird ein richtiger Bruderkrieg werden. Serben und Kroaten werden gegeneinander kämpfen, und es werden viele, viele Unschuldige dabei ihr Leben verlieren . . . Westliche Mächte versuchen in Gesprächen, Frieden zu bringen, aber Frieden wird es da nicht geben."

Als letztes wiederholte Nostradamus während dieser Durchsage seine Prophezeiung, daß Ende dieses Jahrhunderts Naturkatastrophen wie Erdbeben, Vulkanausbrüche und Überschwemmungen bevorstehen.

Die 1988 für das Jahr 1991 gemachten Voraussagen, wie sie hier wiedergegeben werden, sind inzwischen eingetroffen.

Um dem vorliegenden Buch, das 1992 erscheinen soll, noch mehr Aktualität zu geben, hat der Verlag einige Fragen zusammengestellt und Paulussen gebeten, noch einmal mit Nostradamus Kontakt aufzunehmen und um die Beantwortung dieser Fragen zu bitten.

Fragen an Herrn Paulussen/Nostradamus:

Medizin

1)
− Was ist die tiefere/geistige Ursache an Aids?
− Wird es ein Heilmittel geben?

Demokratie

2)
− Wird sich die westliche Demokratie weiter entwickeln, oder wird es einen Rückschlag in autoritäre Systeme geben?

Religion

3)

— Wird es eine neue übergreifende Weltreligion im Sinne östlicher Meister wie Sai Baba geben?

Ökologie

4)

— Kann eine globale Katastrophe aufgehalten werden?
— Welches wären die wichtigsten Rettungsschritte in der Ökologie?
— Und was kann der einzelne dazu beitragen?
— Welche Vulkane werden ausbrechen und wann?
— Welche Flüsse und Seen werden Überschwemmungen verursachen?

Dritte Welt

5)

— Wie werden wir mit der Bevölkerungsexplosion und Hunger in der Dritten Welt fertig?

Rußland/Deutschland

6)

— Sehen Sie nach den neuesten Entwicklungen noch einen Einmarsch der Russen in Deutschland?
— Wird es in der Sowjetunion (lange) Bürgerkriege geben?

China

7)

— Können Sie etwas zur künftigen Entwicklung Chinas sagen?
— Wird es sich in absehbarer Zeit demokratisieren?

Jenseitskontakte

8)

— Wird es möglich sein, mit technischen Mitteln einen visuellen Kontakt mit Verstorbenen herzustellen?

146

Der Kontakt kam am 5. Dezember 1991 gegen 23 Uhr zustande. Die Durchsage hat folgenden Wortlaut:

»Ich grüße dich, mein lieber Freund. Mir sind die Fragen, die dir überreicht wurden, wohlbekannt. Ich möchte auf diese Fragen mit meinem Wissen und mit dem, was mir bekannt und in dieser Welt, in der ich mich befinde mitgeteilt wird, dir mein lieber Freund, für deine Freunde und für alle diejenigen die sich dafür interessieren, mitteilen — wichtige Fragen, die die Welt insgesamt betreffen, sei es in der Natur, sei es für die Menschen schlechthin, in der Medizin, sei es auch im Kontaktbereich zu *unserer* Welt. Hierfür und hierüber möchte ich dir meine Information nun geben.

Mein lieber Freund, ich komme nun zu einem sehr, sehr großen Geschehen im gesundheitlichen Bereich, im medizinischen Bereich für euch Menschen schlechthin. Zu meiner Zeit prophezeite ich euch für dieses Jahrhundert ein großes Geschehen im medizinischen, hygienischen Bereich. Ich möchte hierauf euch meine, unsere Antwort geben, wie ich, wie wir diese Krankheit, die ihr AIDS nennt, benennen.

Die Ursache dieser Krankheit ist bedingt durch eine sehr, sehr große Unhygiene im geschlechtlichen Leben unter euch Menschen. Hier ist die Ursache begraben im Erregertum des Blutes, bedingt durch einen Virus, der sich durch eine Übertragung im Blute befindet. Die ersten Anzeichen dieser Krankeit gab es bei euch schon Anfang dieses Jahrhunderts. Diese Krankheit wurde als Blutkrankheit schlechthin von der Wissenschaft abgetan. Einige Wissenschaftler, die sich sehr intensiv mit dieser unbekannten Blutkrankheit beschäftigten, waren sich damals schon einig, daß diese Krankheit zu einer Seuche sich ausbreiten wird. Ich bezeichnete es damals, zu meiner Zeit, als Seuche für das 20. Jahrhundert. Wie ich euch schon sagte, wie ich dir schon sagte, mein lieber Freund, ist diese Seuche, die euch heimgesucht hat, bedingt durch euer unersättliches, unstetiges, unüberlegtes, sittliches Verfehlen und Verhalten. Sicherlich wird es der Wissenschaft wieder einmal gelingen, gegen diese Seuche ein Mittel zu finden. Aber lange wird es dauern. Dieses Mittel wird nicht mehr den Einsatz finden, den es schon vorher gebraucht hätte. Ich werde nachher darauf eingehen, warum dieses Mittel, das gefunden wird, zu spät für euch Menschen gefunden wird.

Ich möchte nun, mein lieber Freund, zu der zweiten Fragestellung kommen, die sich mit eurer derzeitigen Demokratie auseinandersetzt. Hier wird gefragt, ob sich die westliche Demokratie weiterentwickeln wird. Hierauf möchte ich dir sagen, mein lieber Freund: eure Demokratie kommt für die Menschheit viel zu spät. Ihr wißt im Grunde genommen gar nicht, was ihr unter Demokratie wirklich verstehen sollt. Lernt erst einmal Demokratie zu leben und auch Demokratie darzustellen. In der allgemeinen westlichen Demokratie wird es gravierende, ganz gravierende Rückschläge geben, da sich alle Systeme, die sich momentan zu einer Einigung anstellen, nicht verwirklichen lassen werden. Somit wird es unter den Menschen wieder Haß, Zank und Streit geben. Aber was soll auch diese Demokratie für euch bewirken? Es wird sich sowieso in diesem letzten Jahrzehnt dieses Jahrhunderts vieles ereignen, was die gesamte Welt in einen großen Umbruch bringen wird. Das habt ihr euch selber zuzuschreiben. Euch wurden Richtlinien, euch wurden Warnungen tagein-, tagaus gesetzt. Alles habt ihr ignoriert und alles habt ihr beiseite geschoben. Für dieses, was ihr, ihr auf dieser Welt, untereinander euch angetan habt, dafür werdet ihr zur Rechenschaft gezogen werden.

Es kommt die Frage auf, ob es eine Weltreligion geben wird. Schau, mein lieber Freund: Weltreligion. Lernt erst einmal in Liebe, in Anstand und Ehrlichkeit miteinander zu leben, euch gegenseitig zu respektieren und zu achten, dann könnt ihr davon reden: wir sind eine Weltgemeinschaft, eine große Gemeinschaft. Die Weltreligion, wie ihr sie seht und wie es manche sehen wollen, diese wird es nicht geben. Aber es wird jemand auf dieser Welt ein Zepter in der Hand halten, der alle Glaubensgemeinschaften, alle Menschen zusammenführen wird in Liebe und Eintracht, und ihr werdet in Harmonie, in Glück und Liebe miteinander leben. Viele Propheten wurden benannt, die die Welt in eine reine Welt führen sollten. Keiner von diesen Propheten ist dazu auserkoren worden, dieses zu übernehmen. Aber wie ich schon sagte, es wird jemand zu euch kommen, zu euch allen, der euch in Frieden und Liebe führen wird.

Ihr fragt weiter nach den Katastrophen, nach Rettungsmöglichkeiten. Weißt du, mein lieber Freund, dieses Jahrzehnt wird von großen Katastrophen in der Umwelt überschüttet werden. Vulkane, die Jahrzehnte und Jahrhunderte geruht haben, werden wieder ihre vernichtende, glühende Lava in das Land hineintragen. Weißt du, mein lieber Freund, ich möchte dir nur zwei ganz wichtige Berge auf dieser Welt benennen, die eine Vernichtung über die Menschheit bringen werden.

In Japan möchte in den Asamajama benennen. Hier bei euch in Europa möchte ich den Ätna in den Vordergrund bringen. Diese Berge werden eine verheerende Glut von sich geben.

Große Seebeben werden auch eine verheerende Wirkung auf die Menschheit, auf diese Welt schlechthin haben. All das, mein lieber Freund, haben sich die Menschen selber zuzuschreiben. Ihr habt ohne Überlegung und ohne Nachzudenken einen unsagbaren Raubbau an der Natur vorgenommen. Ihr habt geraubt, ohne zu überlegen, was für eine Konsequenz dies mit sich bringen wird. Jetzt, wo ihr anfangt, ein bißchen nachzudenken – und dieses Nachdenken geschieht von einer Minderheit –, jetzt wollt ihr die Schäden, die ihr verursacht habt, wieder gutmachen. Hierzu, mein lieber Freund, ist es vollkommen zu spät. Nichts kann wieder regeneriert und voll aufgebaut werden.

Die Natur wird sich an diesem Raubbau, an dieser Zerstörung, mit all ihrer Kraft und Macht an denen rächen, die dieses verursacht haben. Diese Verursacher seid ihr, seid ihr Menschen. Viele Tiere sind vom Aussterben bedroht, und viele Generationen nach euch werden nur noch in den Geschichtsbüchern, auf den Magnetbändern von diesen Tieren erfahren.

Ich möchte aber auch hierauf, mein lieber Freund, noch näher eingehen.

Schau, mein lieber Freund, in diesem Jahrzehnt wird es weltweit eine riesengroße Katastrophe geben, bedingt durch Erdbeben, durch Vulkanausbrüche, durch überdimensionale Überschwemmungen. Hier wird es durch diese Naturgewalten eine Reinheit unter den Menschen geben und vor allen Dingen eine Reinheit und einen Neuaufbau der allgemeinen Natur, in der Natur schlechthin. Die Menschen werden wieder in Frieden, in Liebe und Harmonie miteinander leben. Der Mensch wird sich wieder respektieren und achten. Alle Seuchen, die es bis jetzt in diesem Jahrhundert gab, die dem Menschen durch Eigenverschulden Schaden zugefügt haben, diese Seuchen wird es nicht mehr geben. Man spricht nicht mehr von AIDS, man spricht nicht mehr von Krebs. Nein, all diese Krankheitserscheinungen, Seuchenerscheinungen, wird es nicht mehr geben, da es unter den Menschen wieder Ehrlichkeit, Liebe, Reinheit und Harmonie geben wird. Ich habe es auf meinen 4.444 Rollen zu meiner Zeit schon niedergeschrieben, aber ihr habt es bis heute nicht entschlüsseln können, da euch einfach das logische und verständnisvolle Denken fehlt. In der neuen Zeit wird es in allem, im Technischen und auch in der medizinischen Seite, große Revulotionen geben. Diese Revulotionen werden euch von der Natur geschenkt werden. Neue Kontinente werden auferstehen und werden euch Energie schenken im Überfluß. Sie werden euch auch alle verfügbaren Heilmittel zur Verfügung stellen, wo ihr als Menschen sehr gut mit leben könnt. Dieses, mein lieber Freund, möchte ich dir sagen.

Ich verstehe all eure Fragen, ich verstehe all euer jetziges Denken. Aber diese Fragen und dieses Denken hätte bei euch schon eher stattfinden müssen. Nein, es muß zu dieser weltweiten Katastrophe kommen, und sie ist um nichts aufzuhalten. Vorausgehend zu diesen Katastrophen wird es einen Krieg geben. Einen Krieg in vielen Ländern dieser Welt, da der Hunger diese Menschen zum Kriege treibt.

Das Russenland wird von einer riesengroßen Hungersnot überschattet werden. Das Russenvolk wird unruhig und wird zu den Waffen greifen, da es andere unter diesen Menschen geben wird, die die Bevölkerung aufhetzen und sie zu den Waffen treiben werden. Dieses Volk, das von Hunger geplagt ist, wird mit Waffen über dein Land herfallen. Es wird Zerstörung und Vernichtung geben. Ich nenne dir, mein Freund, Punkte, die wichtig sein werden, wo dieses Heer der Russen hereinziehen wird. Nun horche, mein lieber Freund, was ich dir nun zu sagen haben werde. Dieses Heer der Russen wird folgenden Weg nehmen: Ein Heereszug kommt über Berlin und geht in nordwestlicher Richtung auf das Wasser zu und wird die Häfen mit großen Verlusten unter der Bevölkerung besetzen. Ein zweites Heer kommt über Thüringen und zieht durch dies Eisen- und Kohlengebiet weiter in südliche Richtung in meine Heimat ein, weit in das französische Land. Ein dritter Zug kommt über die Tschechoslowakei und zieht über das Bayernland, über einen Teil von Österreich, der Schweiz und Italien in mein Heimatland auch ein. Dort, in allen genannten Gebieten, wird es zu großen Verwüstungen kommen. Viele, viele Unschuldige werden hierbei ihr Leben verlieren. Aber dieses Heer kommt zur Besinnung und sieht die Ausweglosigkeit dieses Krieges und wird die Waffen niederlegen

150

und in sein Land zurückkehren. Die zurückkehrenden Soldaten werden dann in ihrem Land für große Unruhe sorgen und die Schuldigen an den Pranger stellen und sie vom Leben zum Tode befördern. Man wird mit ihren Köpfen auf offener Straße Ball spielen. Der Körper wird an Bäumen und an Pfählen zur Schau hingehängt werden. Danach wird es auf dieser Welt zu einer weltweiten Katastrophe kommen. Aber bevor es zu dieser Katastrophe kommt, mein lieber Freund, wird es auch in anderen Ländern dieser Welt Krieg geben. Krieg auch im Nahen Osten. Krieg auch in Asien. Krieg auch in Süd- und Lateinamerika. Unruhen, große Unruhen gehen voraus. Diktaturen machen sich nicht bezahlt. Denn Diktaturen führen die Menschen zur Auflehnung. Die Brüder und Schwestern auf dieser Welt werden sich gegenseitig bekämpfen und zerstören. All dieses habe ich in meinen 4.444 Rollen schon zu meiner Zeit benannt. Aber ihr habt es bis heute nicht verstanden, was ich sagen wollte, und was ich gesagt habe.

Es wird danach gefragt, mein lieber Freund, ob es in dem Land der Chinesen zu einer Demokratie kommen wird. Habt ihr denn überhaupt nicht verstanden, daß diese Machthaber, die in diesem Land regieren, eine Demokratie ablehnen? Was soll auch eine Demokratie, da es doch in diesem Jahrzehnt zu einer weltweiten Umwandlung kommen wird.

Nun, mein lieber Freund, es wird gefragt, ob es zu *unserer* Welt sehr bald möglich sein wird, im technischen Bereich die Kontakte herzustellen. Hier möchte ich dir sagen, ja, dieses wird es geben, da die Technik ganz neue Formen und ganz neue umweltfreundliche Materialien haben wird, die die Transkommunikation zu *unserer* Welt um ein leichtes ermöglichen werden. Man wird zu uns sehr gut die Möglichkeit bekommen, die Kontakte aufnehmen zu können. Es wird eine hervorragende Verbindung zwischen euch und uns geben und stattfinden. Ihr werdet uns nicht nur hören, ihr werdet uns auch sehen, da es die neue Technik ermöglichen wird. Wie ich schon eingangs sagte, mein lieber Freund, wird diese Technik eine umweltfreundliche und menschenfreundliche, menschenwürdige Technik sein. Das kann ich dir, mein lieber Freund, für deine Freunde versprechen. Es wird einen sehr schönen, einen sehr liebevollen und auch einen sehr harmonischen Kontakt zu *unserer* Welt geben. Und viele, viele Menschen werden mit Liebe und in Harmonie, wenn die Zeit gekommen ist, von dieser Welt zu gehen, in *unsere* Welt einsteigen. Jetzt herrscht unter euch noch Angst. Angst vor dem irdischen Ableben, da ihr zu sehr an das Materielle gebunden seid. Wir in *unserer* Welt kennen das Materielle überhaupt nicht, aber wir sind euch um viele, viele Zeiten voraus. Unser Wissen, unser Denken, unser Verstehen ist euch um vieles, vieles voraus. Ihr mit eurem Wissen und eurem Denken, könnt mit unserem Wissen nichts anfangen, da euch viele verständnisvolle Eigenschaften fehlen. Aber in der neuen Zeit wird der Mensch viel besser verstehen und begreifen und wird mit diesem Wissen, mit uns eins sein im Leben, im Denken, im Handeln und Verstehen. Aber wir werden auch diesen Menschen noch um vieles voraussein, denn alles muß erworben werden, und hierbei zählt in Harmonie, Liebe und Aufrichtigkeit. Du weißt, mein lieber Freund, auch ich war zu meiner Zeit ein Mensch im starken christlichen Glauben. Und hierzu möchte ich noch folgendes sagen: Der christliche Glaube wird sich weltweit stabilisieren und wir werden wieder eins sein mit unserem Schöpfer, eins sein mit Gott. Denn wir lernen wieder unseren Schöpfer, wir lernen wieder Gott zu lieben, zu achten und zu respektieren. Natürlich wird man jetzt sagen, ja es wurde schon immer so gesagt und immer schon so gepredigt. Weißt du, mein Freund, auch zu meiner Zeit, als ich mit meinen Freunden zusammen am Kaiserhof tätig war, habe ich davon erzählt und habe auch davon gesagt, daß der Mensch nur in Liebe zu Gott, in der Liebe zum Glauben miteinander leben kann. Weißt du, auch ich wurde damals verlacht, ja sogar verleugnet und vom Hofe vertrieben. Das hat mir nichts ausgemacht, denn in Gedanken und in meinem tiefsten Inneren, stand ich meinem Gott, meinem Vater in Liebe und Demut sehr nahe. Denn all mein Wissen, all mein Verstehen, das habe ich von meinem Vater, von meinem Gott, den ich sehr liebte und verehrte, geschenkt bekommen. Und so ist auch dir, mein lieber Freund, dieses Geschenk zuteil geworden. Du bist nun einmal ein Mittler von *unserer* Welt zu eurer Welt. Auch du wirst verlacht, auch du wirst verleugnet, ja man trachtet sogar nach deinem Leben. Genauso, wie es mir erging. Aber du genießt genauso wie ich zu meiner Zeit einen besonderen Schutz.

Ich könnte dir noch auf so viele Fragen eine Antwort geben, aber was soll es, wenn ich dir all diese Dinge erzähle. Der Mensch wird es nicht wahrhaben wollen, er wird es auch nicht begreifen können. Denn der Mensch lebt in dieser Zeit, in der Zeit des nur Besitzenwollens, des nur Zerstörenwollens. Der Mensch will mehr und noch mehr haben. Die Einigkeit unter den Menschen wird es nicht geben. Es wird es erst dann wieder geben, wenn es eine weltweite Reinigung im Gesamten gegeben hat. Dann werdet ihr eins in Liebe und eins sein in Harmonie. Ihr werdet untereinander in großem Glück leben. Ihr werdet wieder eins sein mit der Natur und eins sein mit den Tieren, die sich in dieser Natur befinden werden. Ihr werdet nur soviel von der Natur nehmen, wie ihr wirklich zum Leben benötigt. Dieses Unersättliche, dieses Unüberlegte wird es nicht mehr geben.

Es wird, mein lieber Freund, auch die Frage gestellt im naturwissenschaftlichen Denken. Auch in diesem Bereich, im gesamten wissenschaftlichen Bereich, wird es eine grundsätzliche Erneuerung geben. All die, die sich in der neuen Zeit in der Wissenschaft betätigen werden, werden diese Wissenschaft im Einklang mit dem Menschen betreiben, und man wird über all das, was man erneuern wird, den Menschen informieren und der Mensch wird entscheiden, ob er es annehmen möchte oder nicht.

Ich möchte nun, mein lieber Freund, diesen Kontakt beenden. Ich wünsche dir, mein lieber Freund, eine gute Zeit, und ich hoffe, daß die Menschen diese Botschaft von mir, die ich durch dich gegeben habe, verstehen werden. Einige, die diese Botschaft von mir nun hören werden, werden sagen, das ist dummes Zeug, das ist Blödsinn, das sind keine Angaben und keine Informationen auf die Fragen, die wir gestellt haben. Nun, meine lieben Freunde, ihr wollt Antworten auf eure Fragen haben – stellt euch doch selber erst einmal die Frage, was können wir überhaupt tun, um einige Dinge auf dieser Welt zu ändern. Diese Frage solltet ihr euch als erstes einmal stellen. Ihr werdet darauf durch euer Denken und durch eurer Handeln keine Antwort geben können. So wie es zu meiner Zeit war, so ist es jetzt in eurer Zeit. Nur eure Zeit ist viel vernichtender und zerstörender. Ich lebte in meiner Zeit mit der Natur und mit den Menschen gut zusammen. Ich liebte die Menschen, ich liebte das Getier, ich liebte die Natur. Aber auch zu meiner Zeit gab es schon Barbaren, die sich an der Natur vergingen. Nicht umsonst gab es die Pest und gab es die Cholera. All das sind Hinweise und Signale, die gesetzt wurden. Aber aus diesen Signalen und aus diesen Hinweisen hat der Mensch nichts gelernt. Nun wird es die Zeit geben, wo es eine Erneuerung geben wird. Und diese Zeit kommt sehr bald. Meine lieben Freunde, ihr seid näher dran als ihr denkt, und wir von *unserer* Welt, von *unserer* geistigen Welt, haben jetzt schon großes Mitleid mit euch. Wir trauern schon mit euch. Und hier ist dieses Wort von einer Wahrheit. Die Lebenden werden die Toten beneiden.

Damit, mein lieber Freund, möchte ich den Kontakt zu dir für heute beenden. Ich grüße dich von meiner Welt in sehr großer und tiefer Freundschaft. Dein Freund Michel Nostradamus.«

Paulussen selbst hat diese Prophezeiung bestätigt und ergänzt, da ihm parallel zu der Durchsage Bilder in der Form eines Films gezeigt wurden, die den Inhalt der Durchsage bekräftigen.

Er kommentiert die von Nostradamus gegebenen Antworten in folgendem Sinne:

— Durch Aids als einer Seuche unserer Zeit werden noch sehr viele Tote zu beklagen sein, solange der Mensch nicht von seiner momentanen sexuellen Besessenheit und Unersättlichkeit abläßt.

— Naturkatastrophen wie Vulkanausbrüche und Überschwemmungen werden große Zerstörungen und Vernichtungen anrichten, verursacht durch den Menschen selbst, der Raubbau an der Natur betreibt. Die Natur wird sich rächen.

— Der Krieg der Russen wird ein harter Krieg werden, eine Materialschlacht — jedoch kein atomarer Krieg.

— Es wird noch andere Kriege geben, u. a. auch im Nahen Osten, wo sich Israel mit Ägypten gegen die arabischen Mächte zusammenschließen wird.

— Großbritannien wird aufhören zu existieren und wird buchstäblich in zwei Abschnitten im Meer versinken. Einem großen Teil der Bevölkerung wird es jedoch gelingen, vorher auf den Kontinent überzusetzen und sich in Sicherheit zu bringen.

- Studentenunruhen – vor allem in Asien – werden zu Demonstrationen und Revolutionen führen, die jedoch mit Waffengewalt niedergeschlagen werden.

- Politische Unruhen in Kuba und das Aufbegehren der Bevölkerung wird dazu führen, daß Fidel Castro festgenommen und von einem Volkstribunal verurteilt wird. Sein Fluchtversuch scheitert, woraufhin er versuchen wird, sich das Leben zu nehmen.

- In der katholischen Kirche und im Vatikan wird es zu einem tiefen Bruch kommen.

Die Kirche wird sich aufgrund der Zölibat-Frage in zwei große Lager spalten, wobei schließlich das Zölibat durch Mehrheitsbeschluß aufgehoben wird.

Der heilige Stuhl wird in einen weltweiten Finanzskandal verwickelt werden. Der Papst wird aus Rom fliehen und in Frankreich Zuflucht finden.

Durch diese Ereignisse wird es nicht nur im Vatikan, sondern in ganz Rom zu Unruhen kommen. Darüber hinaus wird die Stadt von einem Erdbeben heimgesucht werden.

- Auch Griechenland, die Türkei, die Sowjetunion, Asien und Amerika werden von schweren Erdbeben erschüttert werden. Die kanadische Küste wird von einer gewaltigen Flutwelle überschwemmt und vernichtet werden.

Paulussen weist aber auch ausdrücklich darauf hin, daß ihm nicht nur diese erschreckenden Bilder von Vernichtung und Zerstörung gezeigt werden, sondern auch solche einer Zeit des Friedens und der Harmonie, in der die Menschen auch eins sind im Glauben.

Wörtlich sagt er:

„Ja, wir leben in diesem Jahrzehnt, in einem Jahrzehnt der absoluten Vernichtung und Zerstörung – aber auch in einem Jahrzehnt der Erneuerung und des Neubeginns."

Franz-Josef Huainigg

Nicht zu fassen — aber wahr!

Das außergewöhnliche Leben des Trance-Mediums und Heilers Hans-Peter Paulussen

ISBN 3-923781-56-3
farbig kartoniert,
160 Seiten,
DM 23,80

— außergewöhnlich schon vom Augenblick der Geburt an: Hans Peter Paulussen kam mit gefalteten Händen zur Welt, und so ließ es sich der Bischof nicht nehmen, das Kind persönlich zu taufen. Die sterbende Großmutter versprach dem Knaben, ihn vom Jenseits her zu begleiten. Seitdem hat Paulussen Kontakt zu ihr und anderen Geistwesen, die ihm helfen zu heilen und Ereignisse vorausgesagt haben, die bis in alle Einzelheiten eingetroffen sind.
Ein erstaunliches Buch!

Jedes Ende ist ein strahlender Beginn

neu

Bildband mit Texten von **Elisabeth Kübler-Ross** und Fotos von Dr. Gottfried Siebel.
Dr. Gottfried Siebel ist katholischer Theologe und hat sich jahrelang der aktiven Sterbehilfe gewidmet, wobei ihm die Bücher der Sterbeforscherin Elisabeth Kübler-Ross eine wichtige Stütze waren. Da er sich auch als Fotograf betätigt, entstand die Idee, Schmetterlinge zu fotografieren und diese den aussagekräftigsten Sätzen aus den Schriften der berühmten Ärztin gegenüberzustellen. Ist doch das Verwandlungsmotiv von der Raupe zum Schmetterling eine Parallele zu unserer eigenen Verwandlung.
Ein wunderbares Geschenkbuch, das nicht nur die ständig wachsende Kübler-Ross-Gemeinde begeistern wird.
ISBN 3-923781-66-0, 64 Seiten, 28 ganzseitige Farbfotos, 21 x 21 cm, gebunden.   DM 25,–
Erscheinungstermin: April 1992

Die Insel der verbannten Kinder

neu

Ein **Märchen** für Kinder und Erwachsene von **Alena Maria Schneider**

Eine Parabel über die trennenden Mauern, die jeder in und um sich aufbaut, indem er einen Teil von sich, sein „inneres" Kind, ablehnt und verbannt. Die auf diese Weise verbannten Kinder werden von dem Mädchen Jasmin aufgespürt, und gemeinsam gelingt es ihnen, die inneren und äußeren Mauern der Erwachsenen zu beseitigen.
Alena Maria Schneider zeigt uns in ihrem Märchen, wie die Menschen zu ihrer ursprünglichen Lebendigkeit und Freude zurückfinden können, die das Leben so viel bunter und das Zusammenleben so viel schöner und freundlicher machen.
Die Lösung lautet: Nimm das Kind in dir samt seiner Träume und Sehnsüchte an.
ISBN 3-923 781-50-4, 32 Seiten, gebunden, mit 8 ganzseitigen Farbillustrationen.   DM 19,80

Kassetten von Elisabeth Kübler-Ross

Zehntausende haben Elisabeth Kübler-Ross in Vorträgen und Workshops erlebt. Hunderttausende ihre Bücher gelesen. Viele haben sich gewünscht, ihre Stimme auf Kassette zu hören. Der Verlag „Die Silberschnur" bietet allen Kübler-Ross-Freunden jetzt erstmalig diese Gelegenheit.

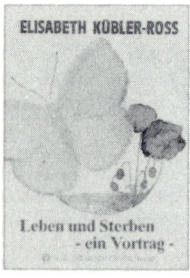

ISBN 3-923 781-59-8
Kassette mit Box
DM 24,80

Leben und Sterben

Der vollständige Vortrag, den Elisabeth Kübler-Ross 1982 auf hochdeutsch in der Schweiz gehalten hat. Ein Auszug ist bereits in dem Buch „Über den Tod und das Leben danach" (Silberschnur) erschienen.

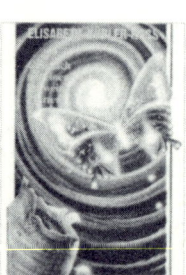

ISBN 3-923 781-61-X
Kassette mit Box
DM 24,80

Gespräch mit einem Schweizer Pfarrer

1984 wurde für eine Rundfunksendung ein Gespräch auf schweizerdeutsch zwischen Elisabeth Kübler-Ross und dem Liestaler Pfarrer Matthias Brefin zu dem Thema „Die letzten Dinge" des Lebens aufgezeichnet.

ISBN 3-923781-54-7
farbig broschiert,
40 Seiten,
DM 9,80

Siegfried Zecherle

Der Baum Astrid –
ein spirituelles Märchen

Dieses Büchlein schildert das Leben eines Apfelbaums, der davon träumt, ein Mensch zu sein, weil diese Geschöpfe allen anderen gegenüber scheinbar bevorzugt sind. Eine Fee erfüllt ihm seinen Wunsch, und er wächst als „Astrid" zu einer jungen Frau heran, der das Leben alle materiellen Wünsche erfüllt, und die doch im Innersten unzufrieden bleibt und schließlich sogar krank wird.

Erst die Freundschaft mit einem Baum öffnet ihr die Augen und läßt sie den Weg zu sich und ihren eigenen Wurzeln finden.

ISBN 3-923 781-49-0
32 Seiten,
8 Farbillustrationen.
DM 14,80

Hans Friedrich Werkmeister

Myrikos: – oder ‚Andreas Freundschaft mit
ihrem Schutzgeist' – eine wahre Begebenheit –

Der bekannte Gartenbauingenieur und Autor von Umweltmärchen schildert in diesem Buch die Freundschaft zwischen dem Geistwesen Myrikos und seiner Tochter, die im Alter von sieben Jahren »hinüberging«. Andrea sah ihren Geistfreund täglich und redete mit ihm. Ihr Vater durfte ihn bei Gelegenheit sehen.

Ein wahres spirituelles »Märchen« für Kinder von 4 bis 100 Jahren.

Mit 8 Aquarellen von Elisabeth Grünwidl.

ISBN 3-923 781-45-8
farbig, broschiert,
266 Seiten,
DM 29,80

Sylvia Barbanell

Ich lebe
im jenseitigen Kinderreich

Sylvia Barbanell ist in deutschen Landen schon bekannt geworden durch ihr Buch **„Wenn unsere Tiere sterben"** (G. E. Schroeder-Verlag).

In ihrem neuen Buch beweist sie anhand vieler überzeugender Fälle, daß Kinder im Jenseits weiterleben, dort zur vollen Größe heranwachsen und von liebevollen Lehrern unterrichtet werden.

Kinder „sterben" im eigentlichen Sinne nicht, sie leben in einer höheren Welt weiter, von wo aus sie die Zurückgebliebenen oft besuchen und ihnen auf verschiedene Weise überzeugende Identitätsbeweise und Botschaften vermitteln können.